AI 대전환 시대
# 질문을
# 디자인하라

## AI 대전환 시대, 질문을 디자인하라

**초 판** 1쇄 발행 | 2025년 4월 9일
　　　 2쇄 발행 | 2025년 9월 19일
**지은이** 김기진
**펴낸이** 김기진
**펴낸곳** 에릭스토리
**편집주간** 오순영
**디자인** 가보경 이소윤
**출판등록** 2023. 5. 9(제 2023-000026 호)
**주　소** 서울특별시 금천구 가산디지털1로 171, 318호
**전　화** (02)6673-1238
**팩　스** (02)6674-1238
**이메일** ericstory1238@naver.com(원고 투고)
**홈페이지** www.ericstory.net

**ISBN** 979-11-983453-9-4 (13320)

ⓒ 김기진 2025

- 이 책은 저작권법에 따라 보호받는 저작물이므로 무단 전재 및 무단 복제를 금지합니다. 따라서 이 책 내용의 전부 또는 일부 내용을 재사용 하시려면 사용하시기 전에 저작권자의 서면 동의를 받아야 합니다.
- 책값은 뒤표지에 있습니다.
- 파본이나 잘못된 책은 구입하신 곳에서 교환해 드립니다.
* 이 책에는 'G마켓산스체' 글꼴이 적용되어 있습니다.

AI 대전환 시대
# 질문을
# 디자인하라

✕ ERiC Story

프롤로그

## AI는 질문을 바꾸면, 답도 바뀐다

"왜 내 질문에 AI는 이렇게 엉뚱한 대답을 할까?"

생성형 AI Gen AI를 처음 사용해 본 사람이라면 누구나 한 번쯤은 품었을 의문이다. 단순히 정보를 물었을 뿐인데, 돌아온 답변은 핵심을 비껴가거나, 너무 뻔한 이야기거나, 심지어 엉뚱한 맥락의 이야기일 때가 있다. 이럴경우 대부분의 사용자들은 쉽게 판단한다.

"여전히 AI가 부족하군!"

그러나 정말 그럴까?

사실, 문제는 AI가 아니라 '질문'일 수 있다. AI는 질문자의 언어를 해석하여 그에 맞는 답을 생성하는 시스템이다. 질문이 애매하면 답도 흐릿하고, 질문에 목적이 없으면 AI의 반응도 방황하게 된다. 즉, 질문이 곧 답의 품질을 결정한다. 이 책의 출발점은 바로 여기에 있다.

우리는 '답을 찾는 법'은 배웠지만, '질문하는 법'은 배우지 못했다.

학교에서는 언제나 '정답 맞히기'가 중요한 교육이었다. 국영수 시험에서, 자격증 공부에서, 심지어 면접 준비에서도 우리는 늘 '누군가가 만들어놓은 질문'에 답을 찾는 훈련만 해왔다. 하지만 진짜 중요한 건, 질문을 만드는 능력이다.

질문은 단순한 호기심의 표현이 아니다. 질문은 사고를 여는 열쇠이자,

문제를 정의하고, 실행을 설계하며, 방향을 정하는 사고 체계이다. 그런데 우리는 그 가장 중요한 능력을 배울 기회가 많지 않았다. 그래서 지금, AI와 협업해야 하는 시대에 많은 사람들이 질문 앞에서 멈칫한다. "어떻게 물어봐야 하지?", "내가 던진 질문이 잘못된 건가?", "이걸 AI가 이해할 수 있을까?"

질문은 '그냥 던지는 것'이 아니라 '디자인하는 것'이다.

지금 우리는 거대한 변화의 AI시대를 살아가고 있다. GPT, Gemini, Claude, Copilot, Perplexity 같은 생성형 AI 도구들이 이미 업무와 일상에 들어와 있다. 문제는 이제, 어떤 도구를 쓸 것인가가 아니라 어떻게 질문할 것인가이다.

Gen AI 시대는 정답을 아는 사람이 아닌, 질문을 디자인할 줄 아는 사람, 즉 QDer™Question Designer가 진짜 경쟁력을 갖는 시대이다.

---

### QDer™란?

**QDer™**(Question Designer): 질문을 디자인하는 사람을 뜻한다.

---

QDer™는 단순히 질문을 던지는 사람이 아니다. QDer™는 사고를 확장시키고, 전략을 촉발하며, AI와의 협업을 가능하게 하는 질문 설계자이다.

QDer™는 사고를 여는 질문을 설계하여, 문제의 본질을 파악하고, 핵심을 꿰뚫는 질문으로 사고의 틀을 전환한다. AI와 협업하는 질문을 구사하여, GPT 같은 생성형 AI에게 명확한 방향과 맥락을 제시하여 유의미한 답을 이끌어낸다. 전략을 이끄는 질문을 만들어, 팀의 실행 전략, 의사결정, 문제 해결 과정을 이끄는 구조화된 질문의 설계자가 QDer이다.

프롤로그 5

QDer™는 단순히 질문을 던지는 사람이 아니다. 이들은 사고의 방향을 설정하고, 전략의 출발점을 마련하며, 무엇보다 AI와 인간의 협업 방식을 바꾸는 사람이다. 좋은 질문 하나는 수많은 정답보다 더 강력하다. 이 책은 독자가 QDer™로 성장할 수 있도록, 질문을 통해 더 나은 사고를 설계하고, AI와 협업하며, 실행 전략을 이끌어내는 기술을 익히도록 돕는다.

질문을 디자인하는 순간, 사고는 확장되고 실행은 시작된다.

많은 사람들이 AI를 사용할수록 느끼는 갈증이 있다. "AI가 생각보다 똑똑하지 않다." 하지만 이는 AI가 '못해서'가 아니라, 우리가 '제대로 묻지 않아서' 생기는 일이다. AI는 점점 더 똑똑해지고 있다. 하지만 그 똑똑함은 질문의 품질에 따라 달라진다. 질문이 논리적이고 맥락이 풍부하며 목표가 명확할수록, AI는 훨씬 정교한 답변을 생성한다.

이제는 '좋은 질문을 만들 수 있는 사람'이 업무의 주도권을 가진다. 그리고 그 질문은 감이 아니라, 구조와 전략으로 '디자인'할 수 있어야 한다.

'질문을 디자인하라'는 말은 단순한 은유가 아니다. 여기에는 분명한 의미가 담겨 있다. 질문은 단지 궁금증을 표현하는 문장이 아니라, 생각을 구조화하고 실행으로 이어지게 만드는 전략적 도구이다. 이 책은 단지 질문의 중요성을 말하는 것이 아니다. 실제로 어떤 구조로, 어떤 방식으로, 어떤 흐름에 따라 질문을 설계할 수 있는지에 대해 구체적인 프레임워크FTP-RI와 기법15가지 질문법을 제시한다. 이 질문 기법은 막연한 아이디어가 아니라, 실제로 업무와 협업, 문제 해결에 적용할 수 있는 실행 가능한 질문 도구들이다.

  질문을 디자인한다는 것은 단순한 문장을 넘어, 사고의 방향을 잡아주고, AI와 협업하는 언어가 되며, 실행을 가능하게 하는 청사진이 된다.

  이 책에서 제시하는 질문은 사고의 흐름을 따라간다.

- Fact정보를 수집하고
- Think분석하여 문제를 재정의하고
- Plan전략을 수립하며
- Result예측을 통해 실행을 점검하고
- 마지막에는 Insight통찰을 도출하는 구조다.

  질문은 AI 시대의 '언어'이자 '도구'이며, 궁극적으로 '전략'이다. 이제는 질문을 잘 던지는 사람이 AI와 협업하고, 일과 성과의 방향을 주도한다. 『AI 대전환 시대, 질문을 디자인하라』는 단순한 GPT 사용법을 넘어, 질문을 설계하고 전략화하는 방법을 안내하는 실전형 안내서이다.

  이 책은 GPT를 더 똑똑하게 쓰고 싶은 실무자, 전략적 사고와 질문력을 키우고 싶은 팀 리더 및 관리자, 조직에서 소통과 성장을 이끄는 퍼실리테이터, AI 시대의 생각 도구로 '질문'을 제대로 배우고 싶은 모든 독자에 추천한다. 이 책은 읽고, 써보고, AI와 직접 대화하는 과정을 통해 '내가 어떻게 묻고 있었는가?', '어떻게 물어야 더 나은 결과를 얻을 수 있을까?'를 끊임없이 되묻게 만들어 줄 것이다.

이 책은 총 4부로 구성되어 있다.

1부Why에서는 '왜 질문이 중요한가?'를 이야기한다. 질문이 어떻게 사고를 바꾸고, 성과를 결정하는지를 사례와 함께 살펴본다.

2부What에서는 '무엇을 질문할 것인가?'에 대한 전략적 접근을 제시한다. 질문을 Fact, Think, Plan, Result, Insight 다섯 가지 유형으로 분류하고, 각각의 기법을 구체적으로 안내한다.

3부How에서는 '질문을 어떻게 다듬고 확장할 것인가?'를 중심으로, 실제 질문 리팩토링과 실습 사례를 통해 질문 디자인 역량을 강화한다.

4부Grow에서는 '질문이 조직과 개인의 경쟁력이 되는 법'을 제시하며, 질문 중심 리더십과 협업 문화, 그리고 질문 루틴까지 다루었다.

지금, 당신은 어떤 질문으로 내일을 설계하고 있는가? 질문은 당신의 사고를 바꾸고, 일의 방향을 바꾸며, 조직의 미래를 바꿀 수 있다. 이제는 정답을 잘 찾는 사람이 아니라, 질문을 잘 디자인하는 사람이 이기는 시대다.

질문을 디자인하는 순간, 당신의 성장은 이미 시작되었다. 이 책을 다 읽고 나면, 더 이상 "AI가 엉뚱한 대답을 해서 실망스럽다"는 말을 하지 않게 될 것이다. 대신 이렇게 말할 것이다. "내가 던진 질문 하나가 AI의 반응을 이렇게 다르게 만들 줄은 몰랐다."

질문이 곧 전략이고, 질문이 곧 경쟁력이다. 지금 당신이 던지는 질문 하나가, 당신의 미래를 바꾸고 조직의 방향을 바꿀 수 있다.

그리고 그 질문을 설계하는 사람이 바로 QDer™다.

AI 대전환 시대
# 질문을
# 디자인하라

목차

프롤로그  질문을 바꾸면, AI의 답도 바뀐다  4


WHY · WHAT · HOW · GROW

1부

# 왜, 질문이 중요한가?
## AI 시대 사고의 전환점
질문은 생각을 열고, 문제를 재정의하며, AI와 협업하는 시대의 '핵심 도구'다

**1  AI는 왜 엉뚱한 답을 내놓는가?**  19
    AI 답변의 원리와 질문 구조  19
    질문 하나로 답이 달라지는 이유  21
    잘못된 질문 vs 전략적 질문  22
    질문 디자인이 필요한 이유  23

**2  질문 디자인이 사고의 폭을 결정한다**  25
    AI 질문 디자인이란?  25
    사고를 열고 창의성을 이끄는 질문 디자인  27
    '문제 해결'보다 중요한 '문제 설정'  28
    AI를 사고 파트너로 바꾸는 질문 디자인  30

WHY · WHAT · HOW · GROW

2부

# 무엇을 질문할 것인가?
### 전략적 질문의 5가지 축

질문 디자인에는 전략이 필요하다. FTP-RI 질문 디자인 5원칙을 익혀라

### 3  Fact: 정보형 질문 - 정확한 팩트를 끌어내는 기술  35

**F**
왜 정보형 질문이 중요한가?  35
형식 지정 기법 Format-Specific Prompting  37
Few-Shot 기법 Few-Shot Prompting  39
비교 질문 기법 Comparative Prompting  40
목록 생성 기법 List-Based Prompting  42
출처 요청 기법 Source-Based Prompting  44
[정보형 질문 실습 예시]  47

### 4  Think: 분석형 질문 - 논리의 흐름을 이끄는 힘  50

**T**
왜 분석형 질문이 중요한가?  50
프레임워크 기반 질문 기법 Framework-Based Prompting  52
후카츠 기법 Fukatsu Prompting  53
사례 중심 질문 기법 Case-Based Prompting  55
사고 흐름 유도 기법 Chain-of-Thought Prompting  56
[CoT 실습 시트]  60
[분석형 질문 실습 예시]  64

### 5  Plan: 전략형 질문 - 실행력을 디자인하는 기술  66

**P**
왜 전략형 질문이 중요한가?  66
역할 지정 기법 Role-Based Prompting  69
목표 달성 기법 Goal-Oriented Prompting  70
문제 해결 기법 Problem-Solving Prompting  72
[전략형 질문 실습 예시]  74

## 6  Result: 예측형 질문 - 미래를 읽는 질문 디자인  76

왜 예측형 질문이 중요한가?  76
성과 분석 기법 Performance Analysis Prompting  78
A/B 테스트 기법 A/B Testing Prompting  79
[예측형 질문 실습 예시]  81

## 7  Insight: 통찰형 질문 - 창의성을 자극하는 질문의 힘  83

왜 통찰형 질문이 중요한가?  83
혁신 아이디어 도출 기법 Innovation Prompting  85
전략 개선 기법 Strategic Refinement Prompting  86
반문 기법 Counter-Question Prompting  88
[통찰형 질문 실습 예시]  90

---

WHY · WHAT · HOW · GROW

3부

# 어떻게 질문을 다듬고 확장할 것인가?
실전 리팩토링과 AI 협업 전략

질문은 '던지는 것'이 아니라 '디자인하는 것'이다

## 8  질문 리팩토링 - AI가 이해하는 언어로 바꾸기  95
왜 질문 리팩토링이 중요한가?  95
질문 디자인 점검 체크리스트  96
동일한 질문, 더 나은 구조로 재구성하는 법  98
GPT와의 질문 디자인 테스트 실습  100

## 9  FTP-RI 기법 - 질문을 단계별로 디자인하라  102
  왜 질문을 단계별로 디자인해야 하는가?  102
  FTP-RI 기법을 왜 활용해야 하는가?  103
  FTP-RI 단계별 질문 사례  105
  FTP-RI 기법 실습 가이드  149
  [FTP-RI 실습 워크북]  152

WHY · WHAT · HOW · GROW

## 4부
# 질문이 곧 경쟁력이다
**조직과 개인의 성장 전략**
질문은 리더십이고, 문화이며, AI와 함께 성장하기 위한 경쟁력이다

## 10  조직을 움직이는 질문 디자인 전략  159
  질문은 개인의 사고 도구이자, 조직의 협업 언어다  159
  질문이 조직 내 사고의 흐름을 만든다  160
  질문 기반 조직 운영, 이렇게 시작하라  161
  질문 프레임을 팀에 적용하는 실전 예시  163

## 11  리더는 질문을 디자인하는 사람이다  168
  질문으로 이끄는 리더십  168
  질문이 성과와 팀 몰입도를 높이는 이유  169
  질문을 중심으로 한 피드백 문화  171
  질문은 리더십의 중심 언어다  172

**12  나만의 질문 전략을 디자인하라**  174
　　질문 루틴 만들기  174
　　AI를 나만의 코치로 활용하는 질문 디자인 방식  176
　　자기성찰과 성장을 이끄는 질문 디자인 리스트  177



에필로그 질문이 곧 당신의 경쟁력이다  180



**질문 디자인 부록**

부록 1　질문 루틴 체크리스트  182
부록 2　질문 리팩토링 워크시트  184
부록 3　FTP-RI 질문 디자인 워크북  186
부록 4　AI 협업 프롬프트 25개  188
부록 5　사고를 여는 120개의 질문 리스트  193

질문은 생각을 열고,
문제를 재정의하며,
AI와 협업하는 '핵심 도구'다.

# PART 1

## 왜, 질문이 중요한가?
### AI 시대 사고의 전환점

WHY · WHAT · HOW · GROW

# 1
# AI는 왜 엉뚱한 답을 내놓는가?

WHY
·
WHAT
·
HOW
·
GROW

## 1. AI 답변의 원리와 질문 구조

AI가 엉뚱한 답을 하는 이유는, 어쩌면 질문 때문이다. 생성형 AI를 처음 접한 사람들은 종종 당황한다. 분명 단순한 정보를 물었을 뿐인데, AI는 불필요하게 긴 문장으로 답하거나, 핵심을 비껴간 설명을 늘어놓기도 한다.

때로는 전혀 의도하지 않은 엉뚱한 답이 돌아와 "AI는 역시 아직 멀었구나"라고 말하기도 한다. 하지만 정말 그럴까?

AI가 기대에 못 미치는 답을 하는 가장 큰 이유는, 놀랍게도 AI의 기술력 자체보다는 질문의 구조에 있다. 질문이 모호하거나, 방향이 없거나, 의도와 맥락이 명확히 드러나지 않는다면, AI는 정확한 응답을 생성할 수 없다.

AI의 성능보다 먼저 점검해야 할 것은 질문을 디자인하는 방법을 배우는 것이다. 질문을 바꾸는 순간, AI는 훨씬 더 정교하고 깊이 있는 응답을 제공한다.

생성형 AI는 인간처럼 '이해'하거나 '판단'하는 존재가 아니다. ChatGPT 나 Claude, Gemini와 같은 모델은 인터넷에 축적된 수많은 데이터를 기반으로 '가장 그럴듯한 단어 조합'을 예측해 문장을 생성하는 언어 예측 모델이다.

"이 사업이 성공할 수 있을까?"라는 질문을 받으면, AI는 그동안 등장했던 수많은 성공 사례, 조언, 전략 등의 표현 패턴을 조합해 확률적으로 적합한 응답을 구성한다. 그 결과, 답변은 대체로 피상적이고 일반적인 수준에 머무르기 쉽다. 질문이 구체적이지 않으면, AI는 당연히 통찰이 아닌 통계적인 언어를 말할 수밖에 없다.

이처럼 AI의 응답 품질은 질문의 명료도와 구조에 정비례한다. 질문에 목적과 맥락이 담겨 있고, 필요한 형식과 조건이 제시되어 있으며, 기대하는 출력 범위와 기준이 명확할수록 응답내용은 달라진다. AI는 훨씬 더 정제된 답변을 생성할 수 있다.

반대로 질문이 추상적이거나, 범위가 넓고, 의도가 불명확하다면, AI는 그만큼 범용적이고 모호한 답을 내놓을 수밖에 없다. 너무나 당연한 이야기다.

마치, "거시기"가 "거시기"에 가서 "거시기"를 했더니, 사람들이 "거시기"하게 놀라며 "거시기"한 칭찬을 아끼지 않았다고 질문해 보자. 뭔가 좋은 일이 있었던 것 같긴 하지만, 정확히 누가, 무엇을, 어떻게 했는지는 아무도 모른다.

질문이 명확해질수록, AI의 답변은 더 유의미하고 전략적이 된다. AI는 마치 거울과도 같다. 당신이 질문하는 방식대로 사고하고, 말하고, 결정하는 존재다.

## 2. 질문 하나로 답이 달라지는 이유

질문의 방식이 답의 방향과 깊이를 결정한다. 질문 하나의 차이는 AI가 내놓는 답변의 깊이, 방향, 구체성을 완전히 바꿔놓는다. '무엇을 묻는가'만큼이나, '어떻게 묻는가'가 중요한 이유다.

"회사의 경쟁력을 높이려면 어떻게 해야 하나요?" 이 질문은 범위가 넓고 조건이 명확하지 않다. AI는 이에 대해 경영 전략, 마케팅, 품질 개선 등 보편적이고 추상적인 조언을 나열할 가능성이 높다.

하지만 이렇게 질문을 바꾸면 어떻게 될까? "중소 제조기업이 2025년 하반기에 해외 시장에서 경쟁력을 높이기 위한 3가지 전략을 제시해줘. 각 전략에는 실행 조건과 예상 리스크도 포함해줘."

이 질문은 산업중소 제조, 시기2025년 하반기, 목표해외 시장 경쟁력 확보, 형식3가지 전략 + 실행 조건 + 리스크까지 구체적인 조건을 제시하고 있다.

그 결과, AI는 훨씬 더 구조화된 전략, 정확한 맥락 기반의 조언, 그리고 실무에 바로 활용할 수 있는 실질적 정보를 제공하게 된다.

같은 주제를 다루는 질문이라도 정보를 요청하는 방식, 조건 설정의 유무, 응답의 기대 수준에 따라 AI의 사고 흐름 자체가 달라진다.

질문자는 AI에게 어떤 역할을 기대하는지 '명확히 지정'할 수 있다. 그에 따라 AI는 일반 상담자가 될 수도 있고, 전략 컨설턴트, 시장 분석가, 교육 코치, 심지어 논문 초안 작성자까지 역할을 수행한다.

질문을 어떻게 디자인하느냐에 따라 AI의 정체성이 바뀌고, 응답 결과물의 품질이 달라진다. 질문 하나가 대화의 방향을 바꾸고, 그 방향이 결국 당신의 사고 수준과 실행력을 결정한다.

AI에게 무엇을 묻느냐보다, 어떻게 묻느냐가 더 전략적이어야 한다. 질문을 디자인하는 순간, AI는 단순한 정보원이 아니라 사고의 파트너가 되는 것이다.

### 3. 잘못된 질문 vs 전략적 질문

질문 하나가 사고 수준을 가르고, 결과의 품질을 바꾼다. 질문을 잘 디자인하는 사람은 AI를 가장 강력한 사고 파트너로 만들 수 있다. 반면, 질문을 막연하게 던지면 AI는 단순한 백과사전처럼만 반응할 뿐이다.

질문이 전략적이지 않으면, AI는 방향을 알 수 없고, 깊이 있는 사고도 하지 않는다. 다음은 실전에서 자주 마주치는 예시다.

✗ 잘못된 질문
 "이 자료를 요약해줘."

○ 전략적 질문
 "이 자료를 A사의 부서장이 빠르게 이해할 수 있도록, 5줄 이내로 요약해줘. 핵심 메시지와 제안 사항 중심으로 정리해줘."

두 질문은 겉보기엔 비슷해 보이지만, 사고의 설계 수준은 완전히 다르다. 두 번째 질문에는 다음과 같은 구조가 담겨 있다.

- 목적: 누가 이 자료를 이해해야 하는가? A사 부서장
- 조건: 어느 정도로 압축해야 하는가? 5줄 이내
- 초점: 어떤 내용을 중심으로 전달할 것인가? 핵심 메시지 + 제안 사항

이처럼 질문에 의도와 방향성, 형식적 조건이 명확히 포함되면, AI는 그 요구에 맞춰 응답의 구성, 깊이, 표현 방식까지 최적화할 수 있다.

질문은 단순한 문장이 아니다. 그것은 AI의 사고를 설계하는 지시문이며, 결과물의 품질을 결정짓는 설계도다. 잘못된 질문은 AI를 일반적인 요약가로 만들고, 전략적 질문은 AI를 상황 맞춤형 사고 파트너로 만든다.

당신의 질문이 곧 AI의 역할, AI의 사고 범위, 그리고 당신의 실행력을 결정한다.

지금, 당신의 질문은 얼마나 전략적인가?

## 4. 질문 디자인이 필요한 이유

AI는 진화하고 있다. 그러나 질문이 정제되지 않으면, 그 진화는 무의미하다. 생성형 AI는 놀라울 만큼 발전하고 있다. 하지만 질문이 적절하게 디자인되지 않으면, 그 뛰어난 성능조차 표면적인 답변에 머무르게 된다.

질문을 전략적으로 디자인해야 하는 이유는 명확하다.

첫째, 질문은 사고의 틀을 만든다. 어떤 질문을 어떻게 던지느냐에 따라 생각의 폭과 깊이, 사고의 방향이 달라진다.

둘째, 질문은 실행 가능성을 결정한다. 구체적인 조건이 포함된 질문은

추상적 조언이 아닌, 실행 가능한 해결책을 이끌어낸다.

셋째, 질문은 AI의 역할을 정의한다. 질문의 구조에 따라 AI는 단순한 요약기가 될 수도, 전략적 조언자나 문제 해결 파트너가 될 수도 있다.

이제 우리는 단순히 '묻는 사람'이 아니라, '질문을 디자인하는 사람'이 되어야 한다. 질문을 다듬는 순간, AI는 엉뚱한 답이 아닌 정확한 맥락과 날카로운 통찰을 제공할 수 있다.

필자는 매일 진화하는 ChatGPT와 협업하면서 수없이 놀라는 경험을 한다. 복잡하고 다층적인 맥락조차 놀라울 만큼 정확하게 이해하고 구조화된 답변을 내놓기 때문이다. 그러나 그 시작은 항상 질문을 어떻게 디자인했느냐에 달려 있었다.

AI는 데이터를 '이해'하는 존재가 아니다. 그저 확률 기반의 응답 생성기일 뿐이다. 질문이 모호하면, AI도 모호하게 반응한다. 질문이 정제되면, AI도 정제된 응답을 생성한다.

질문 하나에 목적, 대상, 조건, 형식이 기본적으로 포함될 때, AI는 더 정밀하고 전략적인 답을 제공할 수 있다. 결국 같은 AI를 두고도, 어떤 질문을 디자인하느냐에 따라 그 결과는 완전히 달라진다.

질문은 사고의 출발점이자, AI를 움직이는 가장 강력한 언어다. 이제부터는 질문을 전략적으로 디자인해 보자.

# 2
# 질문 디자인이 사고의 폭을 결정한다

**WHY**

WHAT

HOW

GROW

## 1. AI 질문 디자인이란?

단순한 탐색을 넘어, 사고를 설계하는 전략이 AI 질문 디자인이다. 우리는 질문을 흔히 '무언가를 묻는 행위'로 생각한다. 하지만 Gen AI 시대에 들어서면서 질문은 단순한 정보 탐색을 넘어, 사고를 유도하고 방향을 결정짓는 디자인 도구로 재정의되어야 한다.

질문은 이제 단순히 '정보를 얻기 위한 수단'이 아니다. 질문은 생각의 방향을 틀고, 관점을 전환시키며, 사고의 깊이를 확장하는 핵심 도구다.

특히 AI와 인간이 협업하는 시대, 질문은 곧 어떤 결과를 원하는가라는 '목적', 그 결과를 얻기 위해 어떤 사고 흐름을 유도할 것인가라는 '전략'을 담아야 할 설계물이다.

이러한 맥락에서, '질문 디자인'이란? 질문에 목적, 맥락, 형식, 조건, 기대 결과를 고려하여 사고를 구조화한 질문을 구성하는 작업이다. 즉, 그저 묻는 것이 아니라, 원하는 사고 흐름과 응답 수준을 미리 설계한 전략적 질문인 것이다.

"브랜드 마케팅 전략을 알려줘." 이 질문은 너무 넓고 추상적이다.

하지만 이렇게 바꾸면 어떨까? "Z세대를 주요 타깃으로 하는 친환경 패션 브랜드가 SNS를 기반으로 마케팅 효과를 높이기 위한 전략 3가지를 제시해줘. 각 전략에는 채널, 콘텐츠 형식, 예상 효과를 포함해줘."

이 질문은 대상Z세대, 맥락친환경 패션 브랜드, 채널SNS, 형식3가지 전략 + 세부 요소까지 명확히 설정하고 있다. 이처럼 질문을 디자인하면 AI는 단순한 정보 전달을 넘어서 의도된 사고 경로를 따라가는 정교한 응답을 만들어낸다.

질문 디자인은 단지 "좋은 질문을 하라"는 조언이 아니다. 그것은 의도된 사고 흐름을 유도하는 프롬프트 설계 기술이며, AI와의 협업을 통해 전략과 창의성을 실현하는 사고 도구다.

Gen AI는 단순 명령어에 반응하는 기계가 아니다. 우리가 던지는 질문의 구조와 의도에 따라 사고의 흐름을 예측하고 응답하는 언어 기반 협업자다. 따라서 질문은 단순한 요청이 아니라, 사고 구조를 짜는 설계물이며, AI에게 전달하는 전략적 명령서다.

질문을 디자인한다는 것은 곧 사고를 디자인하는 것이다. 그리고 그 질문을 통해 AI는 어떤 방향으로 생각할지를 부여받는다. 질문을 전략적으로 디자인하지 않는다면, AI는 방향 없이 피상적인 답을 내놓을 수밖에 없다. 반대로 질문이 정교하게 설계되면, AI는 통찰력 있는 결과와 실행 가능한 전략을 제시한다.

궁극적으로, AI 질문 디자인은 우리의 의사결정과 창의성을 디자인하는 사고 모델이다. 21세기를 살아가는 지금, 질문을 디자인하는 자가 AI 시대의 흐름을 주도하게 될 것이다.

## 2. 사고를 열고 창의성을 이끄는 질문 디자인

창의적 사고의 시작은 언제나 질문이다. 모든 창의적 사고는 질문에서 시작된다. 우리는 흔히 '창의성'이라고 하면 독창적인 아이디어나 번뜩이는 영감을 떠올린다. 하지만 그 출발점에는 자기 안에서 던진 단 하나의 질문이 존재한다.

"이건 왜 꼭 이런 방식으로만 해야 할까?"
"다르게 해볼 수는 없을까?"
"이 문제를 완전히 다른 시선에서 본다면 어떨까?"

이러한 질문들이야말로 고정된 사고의 프레임을 흔들고, 새로운 연결을 가능하게 만드는 사고의 불씨다.

질문은 생각의 문을 연다. 특히 익숙한 방식에 길들여진 사람일수록, 자신의 인식 틀을 깨뜨릴 수 있는 유일한 열쇠가 바로 질문이다. 고정관념을 깨는 질문, 상상력을 자극하는 질문, 반전을 유도하는 질문은 창의적 사고로 이어지는 가장 빠른 지름길이다. 이러한 질문을 의도적으로 설계하고 구체화하는 작업이 '질문 디자인'이다.

AI에게 질문을 던질 때도 이 원리는 동일하게 적용된다. "홍보 글 써줘." 이 질문은 익숙한 패턴을 호출할 뿐, AI는 그동안 학습한 무난한 문장을 반복할 가능성이 크다.

그러나 질문을 이렇게 바꾼다면? "MZ세대가 공감할 만한 감성적 메시지를 담되, 반전 있는 한 줄 문구를 포함한 홍보 글을 써줘." 이 질문은 AI의 사고 흐름을 바꾸고, 표현 방식에 상상력을 유도하게 만든다.

AI는 스스로 창의적인 존재는 아니다. 그러나 창의성을 자극하는 질문에는 능동적으로 반응할 수 있다. AI의 창의성은 곧 질문의 창의성에 비례한다. 질문이 구체적이고, 감성적이며, 상상력을 자극할수록, AI는 인간과의 협업 속에서 새로운 연결과 표현을 생성할 수 있다.

이때, '질문 디자인'은 핵심 역할을 수행한다. 정보만 요청하는 데 그치지 않고, AI의 사고 경로를 설계하고, 확장 가능한 사고의 틀을 제공하는 역할을 한다. 창의성은 홀로 떠오르는 것이 아니다. 질문을 통해 유도되고, AI와의 협업 속에서 발산된다.

질문 디자인은 곧 창의성 디자인이다. '열려 있는 질문', '감정을 포함한 질문', '반문을 유도하는 질문'은 AI와 인간의 생각을 흔들고, 상상을 자극하는 창의적 장치가 된다. 우리는 이제 단순한 정보 요청을 넘어, AI와 함께 창의적 사고를 확장하는 질문을 디자인해야 한다.

질문 하나가 당신의 사고를 넓히고, AI의 언어를 바꾸며, 결국 새로운 결과를 창조할 수 있는 문을 열게 만든다. 잘 디자인된 질문은, 당신의 상상을 현실로 바꾸는 가장 강력한 도구가 될 것이다. AI 시대의 창의성은, 결국 질문에서 시작된다.

## 3. '문제 해결'보다 중요한 '문제 설정'

질문은 문제를 해결하기 전에, 문제를 다시 정의하는 힘이다. 문제를 해결하는 능력은 중요하다. 그러나 그보다 더 중요한 것은, 문제를 어떻게 정의하느냐, 즉 '문제 설정'의 능력이다. 질문은 바로 그 문제 설정의 출발점이며, 질문 디자인은 이 설정 과정을 전략적으로 구성하는 기술이다.

우리는 종종 문제를 해결하기 위해 AI를 활용한다. 하지만 처음부터 문제가 잘못 설정되어 있다면, 아무리 정교한 AI라도 정확한 해결책을 제시하기 어렵다. 오히려 AI는 잘못된 방향의 해결을 더 빠르게 수행할 뿐이다.

"우리 제품이 왜 안 팔릴까?" 이 질문은 모호하고 추상적이다. AI는 마케팅 전반, 고객 반응, 유통 채널 등 너무 넓은 범위를 탐색하려 들 것이다. 하지만 이렇게 묻는다면? "우리 제품을 본 2030 여성 고객이, 경쟁 브랜드보다 우리 제품 구매를 망설이게 되는 핵심 요인은 무엇인가?"

이 질문은 대상2030 여성 고객, 상황경쟁 브랜드와의 비교 맥락, 초점구매 망설임의 핵심 요인이 명확하다. 이처럼 질문을 어떻게 구성하느냐에 따라 AI가 집중하는 사고 범위와 응답의 품질이 달라진다.

문제를 잘못 정의하면, 해결은 엉뚱한 방향으로 흐른다. 질문은 문제의 본질을 드러내고, AI의 사고 흐름을 조율하는 전략적 도구다.

질문 없이, 문제는 해결되지 않는다. 정확히 설정되지 않은 문제는, 아무리 뛰어난 도구를 가져도 풀 수 없다. AI는 질문을 기준으로 사고한다. '무엇을 해결할 것인가'에 대해 질문이 명확히 정의하지 않으면, AI는 그저 가장 일반적이고 빈번한 패턴을 근거로 답할 뿐이다. 이는 실제 맥락과는 동떨어진 정답을 만들 위험이 있다. 그래서 질문은 문제 해결보다 앞서, 문제를 정확히 설정하고, 새롭게 정의하는 힘이 되어야 한다.

질문 디자인은 곧 문제 정의 훈련이자, 전략적 사고의 시작점이다. 문제를 바꾸는 질문은 해결을 바꾸고, 해결의 방향은 전략을 바꾼다. 좋은 질문은 단지 '원인을 묻는 질문'이 아니라, 의도와 맥락을 탐색하고, 기존의 문제 정의를 재구성하는 도전이다. 그 질문은 단순한 응답이 아닌, 더 나은 사고를 요구하는 프롬프트가 된다.

문제 설정이 곧 전략이고, 질문이 곧 문제 설정이다. 질문 하나가 문제를 바꾸고, 질문을 바꿀 수 있다면, 해결은 이미 절반 이상 이뤄진 것이다.

## 4. AI를 사고 파트너로 바꾸는 질문 디자인

질문은 AI의 사고 수준을 결정하는 설계 명령이다. AI는 이제 단순한 정보 제공 도구를 넘어, 우리의 생각을 정리하고 확장하는 '사고 파트너'로 활용될 수 있다. 그러나 그 잠재력을 현실로 만들기 위해 반드시 선행되어야 할 것이 질문을 디자인하는 것이다.

질문은 AI의 반응을 이끄는 방향타이며, 우리가 AI에게 어떻게 사고하길 원하는지 명시하는 지시서다. AI는 우리의 질문 속에서 자신의 역할과 조건, 사고 범위를 해석한다. AI를 단순한 정보 제공자로 사용할 것인지, 사고를 함께 구성하는 협업 파트너로 삼을 것인지는 오직 질문의 수준에 달려 있다.

질문을 디자인할 때, 단지 "무엇을 알고 싶은가"만이 아니라, "AI가 어떤 역할을 수행하길 원하는가"까지 설계해야 한다.

"기획 아이디어를 정리해줘." 이 질문은 AI를 요약 도구로 만든다. "당신은 기획 전문가야. 지금부터 내 마케팅 기획안을 피드백해주는 역할을 맡아줘." 이렇게 질문을 바꾸면, AI는 전문가의 시선으로, 구조적이며 비판적인 시각을 기반으로 피드백을 구성한다.

질문 디자인은 단순한 언어가 아니다. 그것은 AI의 사고 환경을 설정하는 행위이며, AI에게 역할을 부여하고, 응답의 형식과 깊이를 조정하며, 사고의 흐름을 디자인하는 전략적 작업이다. 이것이 바로 AI를 진정한 사고 파트너로 진화시키는 핵심 조건이다.

이제 질문은 단순한 요청 문장이 아니라, AI와 협업하기 위한 프레임워크로 이해되어야 한다. 잘 디자인된 질문은 AI의 사고 수준을 끌어올릴 뿐만 아니라, 그 결과로 인간의 사고 또한 진화하게 만든다. 질문은 단순한 명령이 아니라, 사고의 환경을 설계하고, AI의 가능성을 끌어내는 정교한 설계 명령이다.

질문 디자인은 곧 사고 프레임을 디자인하는 것이다. 질문은 사고의 방향을 정하고, 창의성과 전략의 시작점을 결정짓는다. 그래서 문제 해결보다 중요한 것이 문제 설정에 대한 질문 디자인이다.

AI를 사고 파트너로 만든 다는 것은? 질문 속에 목적, 맥락, 조건, 역할을 포함하는 것이다. 질문을 디자인할 줄 아는 사람만이 사고를 확장할 수 있고, 사고를 확장하는 사람만이 AI와 함께 미래를 디자인할 수 있다.

질문 디자인에는
전략이 필요하다.
FTP-RI 질문 디자인
5원칙을 익혀라

**PART 2**

# 무엇을 질문할 것인가?
### 전략적 질문의 5가지 축

WHY · WHAT · HOW · GROW

# 3
# Fact: 정보형 질문
## - 정확한 팩트를 끌어내는 기술

WHY

**WHAT**

HOW

GROW

## 1. 왜 정보형 질문이 중요한가?

우리는 AI에게 사실 정보를 자주 묻는다. "이 개념이 뭐야?", "관련 통계 좀 알려줘", "이 인물에 대해 간단히 정리해줘." 이처럼 우리는 일상적으로 개념, 자료, 데이터에 대한 질문을 하며 AI를 활용한다.

그런데 종종, 돌아오는 답변이 기대에 못 미칠 때가 있다. 내용이 부정확하거나, 맥락과 어긋나 있거나, 핵심을 피해간 답이 도착한다. 심지어는 그럴듯해 보이지만 출처가 불분명한 허위 정보 hallucination를 접하기도 한다.

이 문제의 원인은 과연 AI의 한계일까? 꼭 그렇지만은 않다. 질문 자체의 설계 부족, 즉 질문 디자인의 부재가 그 원인일 수 있다.

많은 사용자들은 "정보를 알려달라"는 요청까지만 의식할 뿐, 어떤 정보인지, 어떤 형식으로, 어느 수준과 범위에서, 어떤 목적과 기준에 맞게 정리해줘야 하는지까지는 질문 안에 담지 못하는 경우가 많다. 이처럼 정보형 질문에 구체적인 설계가 빠지면, AI는 인간처럼 상황을 유추하거나 우선순위를 판단하지 못하고, 가장 일반적이고 피상적인 답을 생성하게 된다.

우리가 잊지 말아야 할 사실이 있다. AI는 스스로 사고하는 존재가 아니다. AI는 사용자가 입력한 문장의 구조와 단어에 따라, 가장 그럴듯한 답을 예측해내는 언어 모델일 뿐이다. 따라서, 질문이 구체적이고 명확할수록 AI의 응답도 더 정확하고 구조화된 정보로 돌아온다. 반대로 질문이 모호하거나 기준이 불분명하면, AI는 얕은 정보, 흐릿한 요약, 실질적인 도움이 되지 않는 대답을 줄 가능성이 높다.

우리가 정말로 원하는 것은 단순한 정보가 아니다. 그 정보는 정확하고, 구조화되어 있으며, 지금 당장 실무에 활용할 수 있는 '팩트'여야 한다. 결국, 정보의 질은 질문의 질에 달려 있다. 그래서 지금 필요한 것은, 단지 질문을 '던지는 것'이 아니라 정보를 정확히 이끌어내기 위한 질문을 '디자인하는 일'이다.

정보형 질문을 디자인할 때는 다음 세 가지를 반드시 고려해야 한다.

- 어떤 형식과 분량의 정보가 필요한가?
  - 표로 정리된 수치인가, 간결한 문장인가, 아니면 항목별 목록인가?
- 어느 정도의 정확성과 최신성이 필요한가?
  - 공식 출처를 포함해야 하는가? 특정 연도나 날짜 기준의 데이터인가?
- 이 정보를 어떤 맥락에서 사용할 것인가?
  - 발표용 요약인가, 전략 보고서인가, 아니면 팀 회의용 참고 자료인가?

이제 우리는 AI에게 단순히 "OO 알려줘"라고 묻기 전에, 어떻게 알려주길 원하는지를 먼저 스스로 설계해야 한다.

질문이 곧 정보를 결정한다. 그리고 질문의 수준이 곧, 팩트의 품질을 좌우한다. 그래서 질문을 '던지는' 것이 아니라, '디자인'해야 하는 이유다.

## 2. 형식 지정 기법(Format-Specific Prompting)

Gen AI는 언어의 흐름뿐 아니라 형태와 구조까지 인식하고 따르는 데 강한 능력을 가지고 있다. 특히 답변의 형식이 명확하게 지정되었을 때, AI는 정보를 단순히 나열하는 데 그치지 않고, 보다 정돈되고 실용적인 방식으로 구조화하여 제시한다. 이러한 특성을 활용하면, 단순한 정보 수집을 넘어 의사결정에 도움이 되는 '실행 가능한 정보'를 얻을 수 있다.

'형식 지정 기법'은 사용자가 원하는 응답의 형태Format, 구조Structure, 양식Style을 구체적으로 지정함으로써, AI가 그 틀에 맞는 방식으로 내용을 생성하도록 유도하는 질문 설계 전략이다. 이는 단순한 결과물을 얻는 데 그치지 않고, 정보의 활용도와 전달력을 극대화하는 데 효과적이다.

다음과 같은 질문은 모두 형식 지정 기법이 적용된 질문이다.

- "표 형태로 2021~2024년 연도별 매출 성장률을 정리해줘."
- "장점과 단점을 항목별로 나눠서 각각 3가지씩 제시해줘."
- "이 개념을 두 문장으로 요약해줘. 첫 문장은 정의, 두 번째는 사례."
- "슬라이드 1장에 들어갈 분량으로 핵심 내용을 정리해줘. 문장 수는 5줄 이내로."

형식을 지정하면, AI는 그 요청 형식을 정확히 인식하고 응답을 구성한다. 그 결과 정보는 더 구조화되고 명료해지며, 즉시 활용 가능한 형태로 전달된다. 이 기법은 특히 다음과 같은 경우에 효과적이다.

보고서 초안 작성은 항목별 비교, 수치 정리, 개념 설명을 제시하고, 프레젠테이션 요약 구성의 경우는 슬라이드용 정리, 메시지 중심의 요약을 한다. 회의 자료 준비는 회의 안건 도식화, 대안 정리, 의사결정 포인트를 제시하고, 콘텐츠 스크립트 개발은 말하기용 요약, 강조 포인트를 구체적으로 제시하는 것이 좋다.

즉, 형식 지정 기법은 단순히 보기 좋게 정리하는 데 그치지 않는다. 정보가 실제 업무의 흐름 안에서 쓰이도록 만들고, 사고의 흐름을 도와주는 설계 도구가 되는 것이다.

형식 지정 질문을 설계할 때는 첫째, 형식을 구체적인 언어로 표현해야 한다. '표', '목록', '항목별', '문단별', '요약문'처럼 AI가 인식할 수 있는 구체적 표현을 사용해야 한다. "항목별로 나눠서 정리해줘", "문단별로 3개의 주제로 구분해줘", "요약문 1문장으로 알려줘" 등과 같이 구체적으로 제시해주어야 한다. 둘째, 응답 단위를 명확히 제시해야 주어야 한다. '3가지', '2문장', '한 줄 요약', 'Top 5' 등 개수나 길이, 분량을 명확히 지정한다. 이는 AI가 과하거나 부족하지 않은 응답을 생성하는 데 기준이 된다. 셋째, 질문의 목적과 맥락을 함께 제시하면, 같은 정보라도 발표용인지, 보고서용인지, 학습용인지에 따라 응답 방식이 달라진다. 예를 들어 "기획 회의용으로 요약해줘", "10분 발표용 개요 형식으로 정리해줘"와 같이 질문한다. 이 세 가지 요소가 충실히 반영된 질문은, AI의 출력 결과를 더 신뢰할 수 있고 목적에 부합하게 만든다.

형식을 디자인하면 정보는 전략이 된다. 질문에 형식을 덧붙이는 것만으로, 정보는 단순한 지식이 아니라 의미 있는 전략 도구로 변모한다. 형식 지정 기법은 단순히 '예쁘게 정리된 정보'를 얻는 수단이 아니라, 정보를 목적에 맞게 조율하고, 실행 가능하게 만드는 질문 설계의 힘이다.

이 기법은 특히 빠른 판단과 협업이 요구되는 AI 시대의 업무 환경에서 중요한 경쟁력이 된다. 형식을 명확히 지정하는 순간, AI는 정보를 정렬하고, 우리는 그 안에서 의사결정의 단서를 얻을 수 있다.

## 3. Few-Shot 기법(Few-Shot Prompting)

AI는 반복적 패턴과 예시를 학습한 모델이기 때문에, 예시샘플를 통해 사고의 흐름을 유도하는 방식이 매우 효과적이다. 이를 Few-Shot Prompting이라 한다. 질문자가 1~2개의 예시를 먼저 제공한 후, 그와 동일한 형식, 논리, 어조로 추가 정보를 요청하는 기법이다. 다음은 Few-Shot 기법을 활용한 질문 디자인 사례이다.

"탐앤탐스, 커피빈, 투썸플레이스를 다음과 같은 방식으로 정리해줘."
- 스타벅스: 브랜드 중심 프리미엄 전략
- 이디야: 가성비와 지역 밀착형 전략

AI는 위의 예시에서 기업명 + 전략 요약이라는 구조를 인식하고, 동일한 형식으로 요청한 기업에 대한 전략을 생성한다. 이처럼 예시를 통해 AI의 사고 경로를 미리 보여주고 따르게 만드는 것이 Few-Shot 기법을 적용한 질문 디자인의 핵심이다.

Few-Shot 기법이 특히 유용한 경우에는 특정한 말투나 표현 스타일을 반복하고 싶을 때, 응답의 길이나 정보의 층위 및 분류 방식 등을 정형화하고 싶을 때, 기존 응답 구조를 이어가게 하고 싶을 때에 적합하게 사용되는 질문 디자인 기법이다.

Few-Shot 기법을 효과적으로 디자인하기 위해서는 예시는 짧고 간결하게 하고, 핵심 구조를 보여주되 복잡하지 않게 작성할 것이 중요하다. 예시의 논리적 구성을 명확하게 제시하기 위해 순서, 톤, 분량 등의 제시도 중요하다. 하지만, 너무 많은 예시를 제공하면 오히려 AI가 혼란스러워질 수 있으므로 1~3개 정도가 적당하다.

Few-Shot 기법은 단순히 AI에게 형식을 강요하는 것이 아니라, '이런 식으로 생각해봐'라는 방향을 주는 효과적인 사고 유도 방식이다. 특히 보고서 초안 작성, 브랜드 분석, 사례 정리 등에 유용하게 사용되는 질문 디자인 기법이다.

## 4. 비교 질문 기법(Comparative Prompting)

정보를 정확히 이해하고 분석하려면, 단일 항목만 보기보다는 두 개 이상의 대상을 비교하는 것이 훨씬 효과적이다. 비교는 공통점과 차이점을 동시에 드러내기 때문에, 정보의 핵심을 빠르게 파악할 수 있도록 보다 상세한 내용을 제시해 준다. AI에게도 비교는 단순 나열보다 훨씬 생산적인 사고 흐름을 유도한다. 필자가 기대한 것 이상으로 결과물을 제시해 줄 때가 많다.

7년전에 "A=B 시"라는 시의 장르를 새롭게 정립하여 '하루하루 시작詩作'이라는 시집을 출간했다. A는 이해하기 어려운 형이상학의 단어를 배치하고, B는 경험적으로 보다 쉽게 이해할 수 있는 단어를 제시하여 상호 비교에 의한 생성되는 문장을 시로 작성하는 것이다. 예를들어, "목표는 철봉대다. 왜냐하면 손을 놓는 순간 바로 떨어지기 때문이다. 그래서 목표는 이룰때까지 놓아서는 안된다" 이런 내용의 시이다. 목표라는 단어와 철봉대의 경험 지식을 결합한 것이다.

이처럼 '비교 질문 기법'이란 두 가지 이상의 개념, 사례, 옵션 등을 나란히 놓고 차이와 유사점, 효과나 특징을 기준에 따라 정리해달라고 요청하는 질문 디자인 전략이다. 다음과 같은 질문을 분석해 보자.

- "ChatGPT와 Gemini의 차이를 기능, 언어 지원, 답변 방식 기준으로 비교해줘."
- "국내와 해외 사례를 비교해서, 어떤 접근 방식이 더 효과적이었는지 알려줘."
- "구글과 아마존의 AI 전략을 기술 수준, 투자 방향, 서비스 범위 측면에서 비교 분석해줘."

비교 프롬프트는 AI로 하여금 정보를 분류, 구조화, 분석하도록 유도하며, 사용자는 이를 통해 보다 깊은 인사이트를 얻게 된다.

이 질문 디자인 기법은 '여러 선택지 중 장단점을 따져봐야 할 때' 특히 효과적이다. 또한 '사례 간 성공/실패 요인을 도출하고자 할 때'와 '전략적 결정에 앞서 객관적 비교 분석이 필요할 때'도 유용하게 활용된다.

비교 질문 기법을 활용하여 보다 유용하게 질문을 디자인하기 위해서는 비교 기준을 명확히 제시(기능, 성능, 가격 등)한다. 비교 항목 수는 2~3개가 적당하다. 너무 많으면 복잡해지고 응답의 질이 떨어진다. 또한 "표로 비교해줘", "항목별로 나눠줘" 등 형식 지정과 함께 사용하면 더 효과적이다.

비교 질문은 복잡한 정보를 단순화하면서도 차별성을 명확히 보여주는 매우 강력한 질문 전략이다. 분석 보고서, 경쟁사 조사, 전략 수립 초기 단계에 매우 유용하다.


## 5. 목록 생성 기법(List-Based Prompting)

AI를 활용하는 사용자들이 가장 자주 사용하는 질문 형태 중 하나는 바로 '목록 요청'이다. 짧은 시간에 핵심을 정리하고, 아이디어를 폭넓게 수집하기에 좋은 기법이다. 특정 주제에 대해 다양한 사례, 아이디어, 항목들을 빠르게 파악하고 싶을 때, AI에게 리스트 형태로 정리해달라고 요청하면 매우 효율적이다.

'목록 생성 기법'은 질문자가 원하는 주제나 항목의 개수를 명확히 제시한 뒤, AI가 그에 맞는 핵심 정보를 요약·나열하도록 유도하는 질문 디자인 전략이다. AI는 방대한 데이터를 기반으로 정보를 범주화하고 추출하는 데 강점을 지니기 때문에, 이 기법을 활용하면 짧은 시간 안에 구조화된 정보를 효과적으로 얻을 수 있다.

예를 들어, "2025년 주목할 만한 AI 트렌드 5가지를 알려줘.", "직무 인터뷰에서 자주 나오는 질문 10개를 정리해줘.", "MZ세대가 선호하는 콘텐츠 형식 3가지를 간단히 설명해줘."와 같은 질문은 AI에게 정보의 형식리스트과 개수숫자를 명확히 요청하기 때문에, 응답 또한 그 틀에 맞춰 정돈되어 나온다.

사용자는 전체 개요를 한눈에 파악하거나, 목록을 기반으로 추가 탐색을 진행할 수 있다. 즉, 이 기법은 정보의 압축력과 전달력을 높이는 데 효과적이다. '목록 생성 기법'은 다음과 같은 상황에서 특히 유용하다.

- 아이디어 브레인스토밍: 기획 초안, 콘텐츠 아이디어, 마케팅 전략 수립
- 강의·발표 자료 구성: 슬라이드 핵심 요점, 학습 주제 정리
- 복잡한 주제 요약: 연구 주제 개요, 정책 비교, 리서치 방향 설정
- 빠른 회의 준비: 안건 정리, 이슈 목록화, 체크리스트 생성 등

특히 사고의 흐름을 잡아야 하는 초안 단계나, 복잡한 주제를 간결하게 보여줘야 하는 상황에서 AI와 함께 빠르게 개요를 구성할 수 있는 매우 실용적인 방법이다.

목록 생성 질문을 설계할 때 고려할 점은 첫째, 숫자를 명확히 지정한다. 3가지, 5개, Top 10 등 개수가 정해져야 AI가 응답을 제한된 범위 안에서 정리할 수 있다. 둘째, 항목당 설명 조건을 추가한다. "각 항목에 짧은 설명을 덧붙여줘.", "한 문장 요약을 포함해줘.", "간단한 예시를 함께 제시해줘."와 같이 단순 나열이 아닌 정보력을 높이기 위해 숫자와 병행하여 요청하는 것이다. 셋째, 다른 기법과 결합하면 효과가 배가된다. 예를 들어, 형식 지정 기법과 함께 사용하여 표로 정리하거나, Few-Shot 기법과 함께 기존 예시 패턴을 이어가는 방식도 가능하다.

목록 생성 기법은 단순한 정보 요청을 넘어서, 사고를 정리하고, 아이디어를 추출하며, 대화를 구조화하는 기술이다. 질문이 명확하면, 정보는 흐름을 갖는다. 그리고 흐름이 생기면, 우리는 판단하고 실행할 수 있는 기반을 갖게 된다. 특히 기획안 초안 구성, 보고서 요점 정리, 빠른 회의 준비와 같은 실무 환경에서 이 기법은 시간과 사고력을 동시에 아껴주는 강력한 질문 도구가 된다.


## 6. 출처 요청 기법(Source-Based Prompting)

AI를 활용해 정보를 얻을 때, 우리가 놓치기 쉬운 중요한 요소가 하나 있다. 바로 출처source다. 표면적으로는 그럴듯한 정보를 제공받았다고 생각할 수 있지만, 막상 내용을 검토해 보면 정확하지 않거나, 맥락에서 벗어나거나, 근거가 불분명한 정보일 때가 있다. 특히 기업 보고서, 외부 발표 자료, 교육 콘텐츠처럼 신뢰성과 검증 가능성이 요구되는 작업에서는 단순한 정보 이상의 것이 필요하다. 바로 "이 정보는 어디에서 왔는가?"라는 질문이다.

이때 유용한 질문 전략이 바로 출처 요청 기법이다. 출처 요청 기법이란, AI에게 정보를 요청할 때 해당 내용의 출처, 인용 가능한 문서, 작성 시점, 또는 기사·논문·연구 자료의 명칭 등을 명시적으로 요구하는 질문 방식이다. 이 기법은 AI가 생성하는 응답의 범위를 좁히고 정확도를 높이며, 사용자가 이후 내용을 검증하거나 인용 자료로 활용하는 데 효과적이다. 다음은 출처 요청 기법이 적용된 질문의 예이다.

- "이 내용의 출처가 어디인지 함께 알려줘."
- "이 개념을 설명한 대표 논문의 제목과 요약을 함께 제시해줘."
- "최근 1년간 기사 기준으로, 이 이슈에 대해 언급된 주요 내용을 정리해줘."
- "2024년 이후 발표된 산업 보고서를 바탕으로 요약해줘. 출처도 함께 알려줘."

WHY

**WHAT**

HOW

GROW

출처 요청 기법은 공식 보고서나 외부 발표에 활용할 내용이 필요할 때, 학술적 검토나 논문, 문헌 인용이 요구될 때, 기사, 법령, 정책 등 시점이 중요한 정보가 필요한 경우에 효과적이다. 또한 최신 동향을 요약하거나 비교 분석이 필요한 콘텐츠를 만들 때에도 유용하다.

기업 경영, 정책 분석, 교육 콘텐츠 개발, 리서치 기반 전략 수립 등 신뢰 가능한 근거를 요구하는 모든 작업에서 매우 중요한 질문 도구가 출처 요청 기법이다.

출처 요청 기법을 효과적으로 활용하기 위해서는 첫째, 시간 조건을 명확히 설정한다. "2024년 이후 기사 기준으로 알려줘.", "최근 6개월 내 발표된 내용을 중심으로 정리해줘."라고 질문하여 최신성의 정보를 이끌어 낼 수 있다. 둘째, 출처와 관련된 키워드를 포함한다. '출처', '논문', '문헌', '기사', '링크', '연도', '공식 보고서' 등 질문 안에 이 키워드를 넣으면, AI는 더욱 명확하게 응답 범위를 인식한다. 셋째, 불확실성에 대한 조건을 명시한다. "출처가 불확실하면 모른다고 말해줘." 이 문장을 추가하면 AI가 허위 정보 hallucination를 줄이고, 응답의 신뢰도를 높일 수 있다.

Gen AI 도구 ChatGPT, Gemini, Claude, Perplexity 등는 출처 링크를 제공하거나, 최근 데이터 기준으로 내용을 요약하는 기능을 탑재하고 있다. 특히 ChatGPT는 다양한 옵션 기능을 활용하면 조건에 가까운 응답을 구조화할 수 있다. 사용자의 질문이 구체적일수록, AI는 더 정교하고 유용한 자료를 제공한다.

필자의 경우는 HR 관련 분석과 발표 자료 작성을 위해 ChatGPT를 주로 사용한다. 질문에 명확한 기준과 출처 요구를 구체적으로 제시하면, 자료의 품질은 훨씬 향상된다.

결국, 질문이 정보의 신뢰성을 결정한다. 출처를 묻는 질문은 단순한 확인이 아니다. 정보의 질을 결정하는 가장 핵심적인 질문이다. AI 시대에 정보의 양보다 정보의 신뢰성을 더 중요하게 생각해야 한다. 질문을 전략적으로 설계하지 않으면, 아무리 많은 정보를 얻더라도 그 정보는 단지 '그럴듯한 이야기'에 그칠 수 있다.

정보형 질문일수록 형식, 조건, 기준, 출처를 명확히 해야 한다. AI는 질문자의 요청 구조를 그대로 따른다. 정보의 품질은 곧 질문 디자인의 품질이다. 이제부터는 정보를 얻을 때도 전략적으로 질문하자. 팩트를 디자인하라. 그래야 인사이트가 따라온다.

## [정보형 질문 실습 예시]

정보는 수집하는 것이 아니라, 디자인하는 것이다. AI 시대의 정보는 '묻는 방식'에 따라 품질이 달라진다. 질문이 구체적일수록, AI는 더 명확하고 신뢰할 수 있는 정보를 제공할 수 있다. 아래 실습 예시를 통해 각 기법별로 질문을 디자인해보자.

1) 형식 지정 기법 실습 프롬프트

   📑 상황: 연도별 매출 데이터를 보고용으로 정리하고자 할 때
   ❓ 질문: "우리 회사의 2021~2023년 매출 추이를 표 형식으로 정리해줘. 연도별 총매출과 성장률을 포함해줘."
   📌 포인트: 형식 명시 + 구조화 요청

2) Few-Shot 기법 실습 프롬프트

   📑 상황: 경쟁사 브랜드 전략 비교 분석
   ❓ 질문: "예시처럼 정리해줘.
      - 스타벅스: 프리미엄 브랜드 전략 중심, 글로벌 감성 강조
      - 이디야: 가성비 전략, 국내 시장 밀착형
      → 같은 방식으로 투썸플레이스와 탐앤탐스도 정리해줘."
   📌 포인트: 예시 제공 + 동일 패턴 유도

3) 비교 질문 기법 실습 프롬프트

   📑 상황: AI 서비스 간 차이 분석

**❓ 질문**: "ChatGPT와 Google Bard의 차이를 기능, 언어 지원, 응답 방식 기준으로 비교해줘. 표로 정리해줘."

🎙 **포인트**: 비교 기준 명확화 + 형식 결합

### 4) 목록 생성 기법 실습 프롬프트

📖 **상황**: 트렌드 요약 보고서 작성

**❓ 질문**: "2024년 AI 관련 산업 트렌드를 5가지로 정리해줘. 각 트렌드에는 산업별 영향도와 대표 사례를 포함해줘."

🎙 **포인트**: 수량 지정 + 설명 조건 명시

### 5) 출처 요청 기법 실습 프롬프트

📖 **상황**: 정책 제안 자료 작성 중 최신 통계 확보 필요

**❓ 질문**: "최근 1년간 청년 고용률 관련 통계를 알려줘. 공식적인 출처정부 기관 또는 언론 기준으로 제시해줘. 인용 가능한 형태로 정리해줘."

🎙 **포인트**: 기간 + 출처 + 활용 형식 요청

### ☑️ Fact: 정보형 질문 디자인 체크리스트

- ☐ 어떤 형식표, 목록, 요약 등으로 답을 받고 싶은가?
- ☐ 예시를 먼저 보여주면 AI가 더 잘 이해할 수 있는가?
- ☐ 비교할 기준이 명확하게 제시되어 있는가?
- ☐ 수량, 범위, 조건은 구체적으로 설정했는가?
- ☐ 신뢰할 수 있는 출처를 요구했는가?

💡 정보형 질문은 단순히 데이터를 수집하는 행위가 아니다. 이제 정보는 찾는 것이 아니라, 정보를 디자인하는 QDer의 시대다. AI에게 "무엇을 알려줘"라고 막연히 묻기보다, "어떤 방식으로, 어떤 조건에서, 왜 필요한가"를 고려한 질문이 훨씬 더 신뢰할 수 있고 유용한 답을 끌어낸 다는 것을 체험했다. 질문이 구체적이고 목적이 명확할수록, AI는 더 정제된 팩트를 제시해 준다. 결국, 정보의 질은 '어떻게 묻는가'에 달려 있다. Gen AI시대 정보는 주어지는 것이 아니라, 질문을 디자인하는 사람이 구성해내는 것이다.

WHY

WHAT

HOW

GROW

# 4
# Think: 분석형 질문
## - 논리의 흐름을 이끄는 힘

## 1. 왜 분석형 질문이 중요한가?

AI는 방대한 데이터를 바탕으로 다양한 정보를 제공할 수 있다. 하지만 정보를 단순히 나열하는 것과, 그 정보를 맥락 속에서 이해하고 연결하며, 새로운 관점으로 조직하는 것은 전혀 다른 차원의 사고다.

우리는 AI에게 단순한 정보 전달자 이상의 역할을 기대하고 있다. AI가 사고 파트너로서 함께 문제를 해석하고, 판단을 도와주길 바라고 있다. 그리고 그러한 역할을 이끌어내기 위한 질문 전략이 바로 분석형 질문Analytical Prompting이다.

분석형 질문이란, AI가 논리적 사고 과정을 따르도록 유도하는 질문 디자인 방식이다. 단편적인 사실만을 묻는 것이 아니라, 정보들 간의 관계, 구조, 원인과 결과를 해석하도록 유도한다. 즉, '생각하는 응답'을 이끌어내는 질문이다. 이러한 질문은 AI로부터 보다 깊이 있는 분석, 즉 비교, 판단, 해석, 구조화된 제안 등을 끌어내는 데 효과적이다.

분석형 질문은 복잡한 문제를 해체하고, 본질적 원인을 찾고자 할 때, 여러 대안을 비교하고, 선택 기준을 세워야 할 때, 조직 내 실행 계획을 수립하거나 전략을 설계할 때, 데이터의 흐름을 분석하고, 패턴을 인식할 필요가 있을 때에 유용하다.

분석형 질문은 AI에게 사고의 흐름을 만들어주는 장치다. 정보의 조각들을 단순히 배열하는 데서 그치지 않고, 그 안에서 '왜'와 '어떻게'의 연결 고리를 찾도록 유도한다.

분석형 질문을 설계하는 목적은 단순하다. AI로 하여금 원인과 결과를 구분하고 설명하게 하고, 문제의 구조를 파악하고 핵심 요소를 도출하게 만드는 것이다. 또한 기준을 세우고, 그 기준에 따라 비교·판단하게 하거나, 정보 간의 흐름과 상관관계를 인식할 수 있도록 유도하는 것이다.

분석형 질문은 AI에게 '생각하게 만드는 질문'이다. 단순히 "이게 뭐야?"라고 묻는 수준을 넘어서, "왜 그렇지?", "어떻게 다르지?", "무엇을 기준으로 판단해야 하지?" 이처럼 AI가 연결하고 비교하고 해석하도록 유도하는 질문이 바로 분석형 질문이다.

정보는 누구나 얻을 수 있다. 하지만 그 정보를 분류하고 구조화하고, 판단하고 실행까지 연결하는 힘은 질문을 설계할 줄 아는 사람, 곧 QDer에게만 주어지는 역량이다. AI에게 묻기 전에, 그 질문이 어떤 사고를 유도할 것인지, 어떤 비교와 논리를 작동시킬 것인지를 먼저 디자인해야 한다. 이는 곧 AI와 협업하는 방식의 진화이며, 질문을 통해 생각을 프로그래밍하는 새로운 사고 리더십이다.

WHY

WHAT

HOW

GROW

## 2. 프레임워크 기반 질문 기법(Framework-Based Prompting)

복잡한 주제를 보다 체계적으로 이해하고자 할 때, 가장 효과적인 방법 중 하나는 사고의 틀framework을 먼저 제시한 다음 AI에게 그 틀에 따라 사고하도록 유도하는 질문 방식이다. 이를 '프레임워크 기반 질문 기법'이라 부른다.

AI는 구조화된 틀을 제공받으면, 그 안의 각 요소를 빠짐없이 채우려는 성향이 있다. 이는 AI가 언어 예측 기반 모델이기 때문에, 주어진 형식이나 기준이 명확할수록 더 신뢰도 높은 응답을 생성하기 때문이다.

예를 들어 다음과 같은 질문을 활용할 수 있다.

- "SWOT 분석 틀로 우리 회사 브랜드의 강점, 약점, 기회, 위협 요인을 정리해줘."
- "3C 분석고객, 경쟁사, 자사 관점에서 우리 업계의 현황을 정리해줘. 각 요소당 2가지씩 제시해줘."
- "FTP-RI 모델Fact, Think, Plan, Result, Insight을 기반으로 우리 서비스의 마케팅 전략을 정리해줘."

이 방식은 단순히 정보를 정리하는 수준을 넘어, AI로 하여금 논리적 범주 안에서 사고를 정렬하고 응답하게 만든다. 사용자는 이를 통해 주제의 구조적 전개를 이해하고, 인사이트 도출의 흐름을 손쉽게 따라갈 수 있다.

프레임워크 기반 질문 기법을 활용하여 질문을 디자인할때는 "각 항목별로 2가지씩 제시해줘."와 같이 각 요소에 대해 명확히 명시하도록 한다. 또한 "신제품 기획을 위한 4P 분석으로 정리해줘." 처럼 프레임의 목적이나 사용 맥락을 함께 넣으면 응답이 더 정밀해진다. 분석 결과의 사용 목적에 따라, 응답 형식을 조정할 수도 있다. "표 형태로 정리해줘.", "간결한 문장으로 정리해줘."와 같이 출력의 가이드를 제시해 주는 것이다.

프레임워크 기반 질문 기법은 전략 기획, 마케팅, 시장 조사 등에서 분석 구조가 필요한 경우에 보다 유용하게 사용된다. 팀 회의, 보고서, 강의 등에서 체계적 내용을 구성할 때나 복잡한 개념을 구조적으로 정리하거나 설명하고자 할 때도 자주 활용된다.

AI에게 사고의 방향을 제시하고, 논리의 뼈대를 제공하면 AI는 그 틀에 맞춰 정교하게 사고하고 응답한다. 프레임워크 기반 질문은 사고의 지도map를 먼저 펼치고 나서 함께 길을 찾는 방식이다. 이제 우리는 AI에게 '무엇을 생각해봐'가 아니라, '어떻게 구조화해서 생각해봐'라고 요청할 수 있어야 한다.

## 3. 후카츠 기법(Fukatsu Prompting)

'후카츠Fukatsu 기법'은 사고의 깊이를 끌어내는 매우 직관적이면서도 강력한 분석형 질문 디자인이다. 이 기법은 "왜?", "그래서?"라는 두 가지 질문을 반복적으로 던짐으로써, AI가 겉핥기식 응답을 넘어서 인과관계를 중심으로 깊이 있게 사고하도록 유도하는 방식이다.

'왜?'는 원인을 추적하게 하고, '그래서?'는 결과를 예측하거나 다음 단계를 생각하게 만든다. 이렇게 반복 질문을 통해 사고의 층위를 확장하고, 사고의 흐름을 인과 구조로 정렬할 수 있다.

"왜 고객 이탈률이 증가했을까?", "그래서 어떤 영향이 생길 수 있지?",

"그 영향은 다시 어떤 추가 문제로 연결될 수 있을까?" 또는 전략 수립 관점에서 다음과 같이 응용할 수 있다.

- "왜 지금 이 전략이 필요하지?"
- "그래서 어떤 성과가 기대돼?"
- "그 성과는 우리 조직에 어떤 변화를 가져올까?"

후카츠 기법의 핵심은 단순히 반복이 아니라, AI로 하여금 사고의 '맥락'과 '방향성'을 계속해서 연결하도록 만드는 데 있다. 반복적으로 '왜'를 묻는 것은 원인의 뿌리를 찾게 하고, '그래서'를 반복하는 것은 결과의 파장을 예측하게 한다.

'왜'를 반복할수록 원인의 본질에 가까워진다. '그래서'를 반복할수록 대응 전략이 현실화된다. 질문마다 구체적인 조건이나 상황을 함께 주면 더 정교한 응답을 받을 수 있다. "각 단계별로 예시를 포함해줘", "결과를 수치화해줘" 등 추가 조건을 주면 더욱 유용하게 사용할 수 있다.

후카츠 기법은 "복잡한 문제의 핵심 원인을 도출하고 싶을 때"나 "전략 수립 시 실행 결과의 파급 효과를 예측하고 싶을 때", "의사결정 전, 다양한 시나리오 분석이 필요할 때"에 유용하다.

AI는 후카츠 기법을 통해 단순히 '무엇이냐'가 아니라 '왜 그러한가'와 '그래서 어떻게 되는가'를 생각하게 된다. 이는 곧 AI가 정보 제공자를 넘어, 사고의 흐름을 함께 정리해주는 분석 파트너로 확장되는 시작점이다.

후카츠 질문은 질문을 통해 사고의 깊이와 넓이를 동시에 확장시키는 질문 디자인 기술이다. 이제 우리는 AI에게 단편적인 사실이 아니라, 구조화된 사고의 흐름을 요청할 수 있어야 한다.

## 4. 사례 중심 질문 기법(Case-Based Prompting)

'사례 중심 질문 기법'은 AI가 추상적인 개념이나 이론이 아니라, 현실 속 구체적인 사례를 기반으로 사고하고 응답하도록 디자인하는 질문 방식이다. 인간이 사고를 확장할 때 '비슷한 경험이나 사례'를 떠올리며 비교하거나 예측하듯, AI도 구체적인 사례를 중심으로 사고의 폭을 넓힐 수 있다.

이 기법의 핵심은 AI에게 '맥락'을 제공하는 것이다. '누구에게, 언제, 어떤 상황에서'라는 조건이 포함된 질문을 통해 AI는 보다 현실적이고 설득력 있는 응답을 생성할 수 있다. 단순한 정보 전달을 넘어, 사례 간 비교, 전략 평가, 실전 교훈 도출까지 가능하게 만드는 전략적 질문 방식이다.

예를 들어, "우리 회사처럼 중소규모 IT 기업이 글로벌 시장에 진출한 사례를 2개 알려줘. 각각의 전략과 성과를 비교해줘.", "최근 3년간 고객 신뢰도 하락 문제를 겪은 조직들의 대응 사례를 정리해줘. "성공적으로 리브랜딩한 브랜드 사례 3가지를 알려줘. 공통된 전략 요인이 있다면 분석해줘." 이러한 질문은 보다 구조화된 정보를 제공할 가능성이 높다.

사례 중심 질문 기법은 '우리와 유사한', '최근 3년', '실패 사례 위주' 등 조건을 구체화할수록 AI의 응답 정확도는 높아진다. 단순히 사례를 나열하는 데 그치지 않고, 비교, 성과 분석, 교훈 도출까지 포함하는 질문 구조를 디자인하는 노력이 중요하다. "각 사례의 핵심 전략을 요약해줘", "공통점과 차이점을 표로 정리해줘"와 같은 후속 조건을 붙이면 더욱 체계적인 사고 결과를 얻을 수 있다.

WHY

WHAT

HOW

GROW

사례 중심 질문 기법은 신제품 출시, 시장 진입 전략 등 의사결정이 필요한 상황에서 벤치마크 참고용으로 사용하는데 적합하다. 특히, '조직 내 문제 해결을 위한 선례 분석이 필요할 때'나 '교육, 발표, 보고서 등에 실전 기반 자료가 요구될 때'에 유용하게 활용된다.

AI는 구체적인 맥락이 주어졌을 때 더욱 사람처럼 사고하며, 실제적이고 응용 가능한 정보를 생성할 수 있다. 사례 중심 질문은 그 자체로 사고의 깊이를 넓히고, 현실과 연결된 인사이트를 도출할 수 있는 창의적 질문 디자인 방식이다.

## 5. 사고 흐름 유도 기법(Chain-of-Thought Prompting)

우리는 종종 AI에게 "정답을 알려줘"라고 묻는다. 하지만 복잡한 문제일수록 중요한 것은 정답이 아니라, 정답에 이르는 '과정'이다. 단순한 결과보다 더 신뢰할 수 있고 유용한 것은, 사고의 흐름, 즉 생각이 전개되는 순서이다.

GPT와의 협업에서 이 사고의 흐름을 유도하는 전략이 바로 Chain-of-Thought Prompting CoT, 즉 사고 흐름 유도 질문 기법이다. 이 전략은 GPT가 마치 사람처럼 사고하도록 훈련시켜주는 가장 효과적인 질문 방식 중 하나다.

### 사고의 과정을 요청하는 질문 전략

GPT에게 어떤 문제를 던졌을 때, 정답만 간단히 말하는 방식은 응답 속도는 빠르지만 신뢰성과 설득력이 떨어질 수 있다. 반면, 질문 안에

"단계적으로 생각해줘", "먼저 조건을 정리하고 그다음 판단을 설명해 줘"와 같은 사고 유도 문장을 포함시키면 GPT는 스스로 추론하고 설명하는 방식으로 응답한다. 이것이 바로 Chain-of-Thought, 사고의 사슬을 만들어가는 대화 설계다.

특히 전략 설계, 문제 해결, 분석 보고서처럼 고차원적인 사고가 필요한 업무에서는 결론보다 사고의 흐름이 핵심이다.

CoT 기법은 바로 이 "사고의 가시성"과 "단계적 논리 구조"를 확보하는 데 최적화되어 있다. 질문이 깊어질수록, AI는 더 사람처럼 생각하기 시작한다.

어떻게 질문할 것인가? CoT 기법은 질문 안에 아래와 같은 문장을 포함해 사고 과정을 유도한다. "이 문제를 단계적으로 생각해보자.", "먼저 조건을 정리하고, 그 다음 가능한 선택지를 비교한 후, 결론을 제시해줘.", "단계별로 왜 그런 판단을 했는지 설명해줘.", "이 결과가 나왔을 때 어떤 의미인지 흐름을 따라 정리해줘." 이처럼 '답을 요구'하는 것이 아니라, '생각을 유도'하는 질문 방식이 핵심이다.

### 사례로 보는 CoT 기법 질문

| ✗ 단순 질문 | ○ CoT 기법 질문 |
| --- | --- |
| "이 문제 정답이 뭐야?" | "이 문제를 풀기 위해 필요한 정보를 먼저 정리하고, 문제 해결 과정을 단계적으로 설명해줘." |
| "보고서 써줘" | "이 상황을 분석해서 ①현재 문제 진단 → ②해결방안 제시 → ③실행 전략 순으로 보고서를 구성해줘." |
| "우리 회사 전략 뭐가 좋아?" | "우리 회사의 상황을 내부 역량, 외부 환경, 경쟁사 관점으로 분석한 후, 전략 방향을 제안해줘." |

### 전략적 질문 디자인 구조 CoT 구조 예시

- 1단계: 문제 정의

  "이 문제는 무엇이며 어떤 전제 조건이 있는가?"

- 2단계: 분석 전개

  "핵심 요인을 나열하고, 그들 간의 관계는 무엇인가?"

- 3단계: 판단 도출

  "그럼에도 불구하고 선택해야 할 방향은 무엇인가?"

- 4단계: 결론 및 시사점 정리

  "이 결론이 조직/개인에게 의미하는 바는 무엇인가?"

GPT에게 이렇게 사고 전개 순서를 질문 안에 포함시키면, AI는 훨씬 더 논리적이고 설득력 있게 사고를 따라오게 된다.

프레임워크 기반 질문 기법과 병행하면 효과가 극대화된다. 예를들어, SWOT 분석 기업에 대해 각 항목을 단계별로 분석을 요구하고, 이후에 종합 전략을 도출하는 질문을 하는 것이다. 앞에서 설명한 Few-shot 기법과 결합하면 GPT의 사고 스타일을 학습시킬 수 있다. 또한 직무별 질문 템플릿과 함께 사용하면 다양한 실무 영역에 확장 가능하다.

### 질문을 통해 AI에게 '생각'을 디자인하라

CoT Chain of Thought 기법은 단순한 프롬프트 이상의 의미를 지닌다. AI에게 정답을 요구하는 시대는 끝났다. 이제는 사고의 흐름, 생각의 경로를 요청하는 질문이 진정한 경쟁력이 된다. AI는 명확한 사고의 맥락을 제공받을 때, 단순한 응답이 아니라, 정교하고 신뢰할 수 있는 해석과 통찰을 제시할 수 있다.

즉, 질문은 답을 얻기 위한 도구가 아니라, 사고를 함께 디자인하는 협업의 출발점이다. 질문 속에 문제 해결의 단계, 판단의 기준, 우선순위와 전제가 담겨 있을 때, AI는 그 사고의 구조를 따라가며 논리적이고 일관된 해답을 함께 만들어낸다. 그 순간, AI는 더 이상 단순한 도구가 아니다. 생각의 파트너, 지적 협업자로서 당신 곁에서 함께 사고하고 실행하는 존재가 된다.

CoT는 그냥 던지는 질문 기법이 아니라, AI와 인간이 함께 사고를 설계하고 협업하는 새로운 방식이다.

# [CoT 실습 시트]

**문제를 정의하고, 사고 흐름을 디자인하며, 질문을 완성하는 5단계 실습**

GPT에게 단순한 정답을 묻기보다, 사고의 경로를 디자인하여 논리적으로 사고하도록 유도하는 질문 기술이 필요하다. Chain-of-Thought 기법CoT은 바로 이 사고 흐름을 따라가게 만드는 강력한 질문 전략이다. 이제 아래 5단계 실습을 통해, 여러분의 업무에 적용 가능한 GPT 질문을 직접 디자인해보자.

## [STEP 1] 문제 정의하기

가장 먼저, 내가 해결하고 싶은 업무 주제나 이슈를 명확히 정의해보자. 문제의 성격에 따라 사고 흐름의 구조도 달라지기 때문이다.

- ✓ 예시(마케팅 직무)
    ① 신제품 마케팅 전략 수립
    ② 고객 이탈 원인 분석
    ③ 광고 성과 비교 및 개선 방안

## [STEP 2] 사고 흐름 디자인하기

문제를 해결하기 위해 어떤 순서로 생각을 전개할지 3단계 이상으로 구성해보자. 이 구조가 GPT의 응답을 단계별로 이끌어내는 사고 프레임이 된다.

- ✓ 예시 구조(마케팅 캠페인 기획)
    ① 상황 분석: 시장 트렌드, 경쟁사 동향, 고객 니즈 파악
    ② 전략 구상: 캠페인 메시지, 타겟 세그먼트, 채널 설계
    ③ 실행 방안: 예산 배분, 일정 계획, KPI 설정 및 추적 체계

## [STEP 3] GPT에게 던질 질문 구성하기

이제 [STEP 2]에서 구성한 사고 흐름을 바탕으로, GPT에게 단계적으로 사고를 요청하는 Chain-of-Thought 질문 문장을 만들어보자. 각 단계가 명확히 나뉘고 구체적인 실행 요청이 포함될수록, GPT는 논리적이고 정돈된 응답을 생성할 수 있다.

✓ 질문 예시

> GPT, 신제품 캠페인을 기획하려고 해.
> 1) 시장 트렌드와 고객 니즈를 분석하고, 타겟 세그먼트를 정의해줘.
> 2) 경쟁사 대비 차별화된 메시지와 캠페인 컨셉트를 제안해줘.
> 3) 실행 채널, 예산 계획, KPI 설정 및 성과 추적 방안까지 포함해서 구체적으로 디자인해줘.

이처럼 질문 속에 사고의 단계와 목적을 명확히 담으면, GPT는 단순한 요약이 아니라 생각의 흐름을 따라가는 응답을 제공하게 된다.

## [STEP 4] 질문 리팩토링 & 메모

GPT의 응답을 받은 후, 어떤 부분이 부족했는지, 무엇을 보완할 수 있는지 스스로 점검해보자. 좋은 질문은 한 번에 완성되지 않는다. 사고의 단계를 추가하거나, 구체적인 표현을 보완해보자.

- GPT의 응답 중 보완하고 싶은 부분은?
  예: KPI가 모호하거나 실행력 부족
- 어떤 표현이나 단계가 빠졌는가?

예: 타겟 세그먼트 정의, 성과 추적 방법
- 질문을 다시 묻는다면 어떻게 수정할까?
예: "성과 추적 방법까지 포함해 줘"라는 내용을 추가하거나, "각 단계별 예시도 함께 제시해 줘"라고 요청

## [STEP 5] 인사이트 정리

사고 흐름 유도 질문을 활용한 후, 내가 얻은 변화와 학습 포인트를 정리해보자. 이 과정을 통해 자신만의 GPT 프롬프트 디자인 전략을 축적할 수 있다.

- AI에게 사고 흐름을 유도하니 어떤 변화가 있었는가?
예: 전략이 더 구체적이고 설득력 있게 제시되었으며, 다양한 대안이 함께 제시되었다.
- 앞으로 유사한 문제에 어떻게 질문을 구성할 수 있을까?
예: "문제 정의 → 분석 → 실행 → 예측" 구조를 바탕으로 질문을 체계화하고, 사고 단계별로 명확한 요청 문장을 포함시키는 방식 활용

✓ 질문 예시

| 직무 | 실습 주제 | GPT 질문 예시 |
|---|---|---|
| 전략기획 | 중장기 사업 전략 수립 | "조직의 내부 역량과 외부 환경을 단계적으로 분석한 뒤, 향후 3년 전략 시나리오 2가지를 도출해줘." |
| HR | 퇴사율 분석 | "최근 6개월 이직률 데이터를 토대로, 이직 사유를 정리하고, 조직문화와 리더십 관점에서 개선안을 제안해줘." |
| 고객 서비스 | 고객 불만 해결 전략 | "고객 불만 데이터를 유형별로 정리하고, 접점 개선 방안을 단계적으로 설명해줘." |

💡 GPT에게 원하는 것은 단순한 '정답'이 아니다. 우리가 진짜 요청해야 할 것은 사고의 경로, 즉 생각이 흐르는 방향이다. Chain-of-Thought<sub>CoT</sub> 기법은 AI에게 생각의 과정을 제시함으로써, 더 정교하고, 더 논리적인 응답을 끌어내는 질문 전략이다.

질문은 문제를 구조화하는 데서 시작된다. 먼저 문제의 핵심을 정의하고, 그 안에 포함된 분석 요소들을 구분해본다. 다음으로, 그 사고를 단계적으로 설계한다. 1단계 → 2단계 → 3단계와 같이 흐름을 나누고, 각 단계마다 필요한 정보와 판단을 끌어낼 수 있도록 질문 문장으로 연결한다.

이처럼 질문 안에 사고의 구조와 흐름을 설계하면, GPT는 단순히 대답하는 도구가 아니라, 함께 생각하는 파트너로 진화한다. 당신이 디자인한 질문이 AI의 사고 수준을 결정짓는 열쇠가 되는 것이다.

## [분석형 질문 실습 예시]

1) 프레임워크 기반 질문 실습 프롬프트

　📣 상황: 브랜드 리뉴얼 전략 분석이 필요한 마케터

　❓ 프롬프트: "우리 브랜드를 SWOT 분석 프레임워크를 기준으로 강점, 약점, 기회, 위협 항목별로 2가지씩 정리해줘. 이후, 리뉴얼 전략에 활용할 수 있는 핵심 인사이트도 함께 제안해줘."

　🎯 포인트: 분석 틀 제공 + 구조적 응답 유도 + 전략적 해석 요청


2) 후카츠 기법 실습 프롬프트

　📣 상황: 내부 협업이 원활하지 않은 조직 상황 분석

　❓ 프롬프트: "우리 조직 내 협업이 잘 이루어지지 않는 이유는 무엇일까? 그 이유는 또 왜 발생했을까? 그래서 어떤 문제가 더 커질 수 있을까? 단계별로 원인과 파급 효과를 정리해줘."

　🎯 포인트: '왜'와 '그래서' 반복 질문 + 인과 관계 구조화


3) 사례 중심 질문 실습 프롬프트

　📣 상황: 글로벌 진출 전략을 검토 중인 스타트업

　❓ 프롬프트: "우리처럼 직원 수 100명 이하인 IT 스타트업이 최근 3년간 글로벌 시장에 진출한 사례 중 2가지를 알려줘. 각 사례의 전략과 성과, 그리고 실패 요인 또는 교훈을 비교해줘."

　🎯 포인트: 조건 명시 + 비교 분석 + 실행 인사이트 도출

☑ **Think: 분석형 질문 디자인 체크리스트**
- ☐ 내가 필요한 것은 정보인가, 구조인가, 인사이트인가?
- ☐ 프레임, 원인-결과, 사례 등 어떤 분석 도구를 활용할 것인가?
- ☐ 질문은 구체적인 사고 단계를 유도하고 있는가?
- ☐ AI에게 사고의 범위와 깊이를 어떻게 지정하고 있는가?
- ☐ 단순 나열이 아닌 연결된 사고 흐름을 요청하고 있는가?

WHY
·
**WHAT**
·
HOW
·
GROW

💡 분석형 질문은 AI에게 '단순히 답하라'가 아니라 '사고를 정렬하라'고 요구하는 것이다. 질문을 구조화하는 순간, AI는 당신의 진정한 파트너가 될 수 있다.

# 5
# Plan: 전략형 질문
## - 실행력을 디자인하는 기술

## 1. 왜 전략형 질문이 중요한가?

AI에게 '실행 가능한 전략'을 설계하게 하려면, 질문부터 전략적이어야 한다. AI는 단순히 정보를 나열하거나 분석하는 단계를 넘어, 현실적 실행 전략을 함께 고민하는 파트너가 되어야 한다. "무엇을 알아야 할까?"였다면, 이제는 "이걸 어떻게 실행할 수 있을까?", "실제로 적용하려면 어떤 전략이 필요할까?"에 대해 질문을 디자인해야 한다. 정보 중심에서 실행 중심으로, 질문의 방향을 이동시키는 것이 '전략형 질문Strategic Prompting'이다.

전략형 질문은 AI가 전략적 사고를 하도록 유도하고, 단순한 정보나 분석을 넘어서, 실제 실행계획을 중심으로 응답을 설계하게 만드는 질문 디자인 기법이다.

우리가 AI에게 기대하는 것은 더 이상 추상적인 조언이 아니다. 현실적 조건과 맥락이 반영된, 실행 가능한 방향성과 구체적인 대안 제시를 원한다. 실무에 바로 적용 가능한 전략, 즉 일의 방향성과 실행 단계를 갖춘 제안이 필요한 것이다. 이를 끌어내기 위해서는 질문 자체가 전략적으로 구성되어야 한다.

전략형 질문은 새로운 프로젝트의 실행 전략이 필요할 때, 조직 변화나 정책 추진을 위한 단계별 실행안을 설계할 때에 유용하다. 특히 여러 대안 중 실행 우선순위를 정해야 할 때, 복잡한 상황에서 현실적인 전략적 제안을 끌어내고 싶을 때에 효과적으로 작동한다. 전략형 질문 기법은 단순한 정보 전달이나 분석을 넘어, 실제 실행력을 이끌어내는 사고 전환 도구이다.

〈전략형 질문을 구성하는 4가지 핵심 요소〉

전략형 질문은 AI가 단순히 아이디어를 제시하는 수준을 넘어, 실제로 실행 가능한 방향과 계획을 설계할 수 있도록 돕는 질문이어야 한다. 그렇기 때문에 다음의 네 가지 핵심 요소를 포함할 때, 질문의 전략적 완성도가 높아진다.

① 무엇을 위한 전략인가?

전략은 목적이 명확할 때 방향이 잡힌다. AI에게 전략 수립을 요청할 때는, 무엇을 위해 그 전략이 필요한지 먼저 설정해야 한다.
• 예: "MZ세대 고객을 위한 마케팅 전략을 설계해줘."

② 누가 실행할 것인가?

전략은 구상보다 실행이 더 중요하다. 전략을 수행할 주체를 명시함으로

써 실행 가능성과 현실성을 높일 수 있다.
- 예: "영업팀이 실행할 수 있도록 구성해줘."

③ 어떤 제약, 자원, 조건이 있는가?
현실적 제약은 전략 수립의 중요한 기준이다. 예산, 인력, 시간, 조직 상황 등 실행 환경을 함께 제시해야 AI가 실질적인 대안을 설계할 수 있다.
- 예: "인력은 3명, 예산은 500만 원 한도야."

④ 예상 결과나 영향은 무엇인가?
전략은 실행 이후의 시나리오까지 고려되어야 완성된다. 단기 효과와 장기적인 영향, 기대 성과 등을 예측하는 질문 요소가 포함되어야 한다.
- 예: "단기 효과와 장기 효과를 나눠서 설명해줘."

이 네 가지 질문 요소는 단독으로도 의미 있지만, 서로 연결되어 하나의 실행 설계 흐름을 만든다. 전략형 질문은 이렇게 사고의 목적과 대상, 조건, 결과까지를 포함하는 통합적 사고로 질문을 디자인하는 것이다.

이러한 구조를 기반으로 질문을 디자인하면, AI는 단순한 아이디어 생성기를 넘어, 실행 가능한 전략 파트너로서 기능하게 된다.

질문이 전략이면, AI는 실행 설계자가 된다. 전략형 질문을 디자인한다는 것은, AI가 사고의 방향과 목적을 정확히 이해하고, 그에 따라 실행 중심의 응답을 생성할 수 있도록 돕는 과정이다. 이는 곧, AI를 실무형 전략가로 전환시키는 질문 기술이며, 사용자가 AI를 통해 현실적 실행력을 끌어낼 수 있도록 하는 사고 도구이기도 하다.

AI가 단순한 설명자가 아니라, 실제 전략을 함께 설계해주는 동료가 되기를 원한다면, 질문부터 전략적이어야 한다. 전략형 질문이 바로, 실행으로 연결되는 질문의 시작점이다.

## 2. 역할 지정 기법(Role-Based Prompting)

역할 지정 기법은 AI에게 특정한 '역할'을 부여함으로써, 그 역할에 걸맞은 사고방식, 언어, 전략적 관점을 기반으로 응답하도록 유도하는 질문 디자인 방식이다.

우리는 실무에서 보고서 작성, 전략 회의, 실행 계획 수립 등 다양한 업무를 수행할 때 특정 '역할의 시각'에서 사고해야 한다. 마케팅 담당자, HR 컨설턴트, 기획자, CEO 등 각 역할마다 문제를 바라보는 관점이 다르고, 접근 방식도 다르다. 이 기법은 바로 그런 관점을 AI에게 직접 부여하는 것이다.

- "너는 지금부터 스타트업 브랜드 마케터야. 브랜드 인지도 향상을 위해 SNS를 활용한 3단계 캠페인 전략을 제안해줘."
- "조직문화 컨설턴트로서, 갈등이 많은 팀의 소통 개선 방안을 제안해줘. 워크숍 프로그램과 리더 피드백 전략을 포함해서."
- "너는 지금 외부 투자자라고 생각하고, 이 사업 계획서의 핵심 리스크와 보완 제안을 정리해줘."

AI는 '너는 지금부터 마케팅 전문가야', '기획자로서 조언해줘'와 같은 명령어를 통해 사고의 전환을 수행할 수 있으며, 단순한 정보 전달자가 아닌 전문적 판단을 내리는 사고자처럼 작동하게 된다.

역할 지정 기법을 보다 유용하게 활용할 수 있도록 디자인하기 위해서는 역할을 보다 구체적으로 제시해주어야한다. 그렇게 질문을 디자인해주어야 AI의 사고도 보다 정교해진다. 예를들어, '마케터'보다는 'MZ세대 대상 콘텐츠 기획자'가 보다 구체적이다. 또한, "~을 해결해야 한다"처럼 역할과 함께 실행 목표 또는 해결 과제를 반드시 포함시켜준다. "실행 계획서 형식으로 정리해줘"와 같이 문장 톤이나 응답 형식도 함께 지정하면 보다 실무적인 결과를 유도할 수 있다.

역할 지정 기법은 사내 합의 도출, 크로스 협업처럼 다양한 시각에서 전략적 사고를 펼쳐야 할 때 유용하게 사용된다. 또한 보고서, 기획서, 실무 매뉴얼을 작성할 때나 회의나 발표 준비 과정에서 '사전 시뮬레이션'을 하고 싶을 때에 활용된다.

이 기법을 활용하면, AI는 단순한 정보 제공을 넘어, '그 역할에 맞는 사고 모델'로 사고하게 된다. 질문 하나로 역할과 사고의 틀을 바꾸는 것, 그것이 바로 전략형 질문 디자인의 시작이다.

## 3. 목표 달성 기법(Goal-Oriented Prompting)

'목표 달성 기법'은 AI에게 구체적인 목표를 제시하고, 그 목표를 달성하기 위한 전략, 실행 단계, 조건 등을 스스로 구성하도록 유도하는 질문 방식이다. 목표가 명확히 설정되면, AI는 그 목표에 도달하기 위해 필요한 일의 순서를 계획하고, 장애물을 고려하며, 달성 조건을 갖춘 실행 시나리오를 제시하게 된다.

이 기법의 핵심은 "무엇을 어떻게 해낼 것인가?"에 대한 실행 로드맵 디자인이다. 단순히 전략을 묻는 것이 아니라, 목표 달성을 중심으로 한 행동 디자인의 흐름을 유도하는 것이다.

"3개월 안에 우리 팀의 고객 응대 만족도를 90%까지 끌어올리기 위한 실행 전략 3단계를 제안해줘.", "다음 분기 내 매출 20% 향상을 위해 우선 실행해야 할 마케팅 전략을 정리해줘. 자원과 예산을 고려해서.", "직원 몰입도를 높이기 위한 4주간 교육 프로그램을 목표 중심으로 디자인해줘. 각 주차별 주요 과제도 포함해줘." 이러한 질문은 주어진 상황에 대해 어떻게 실행하면 되는지에 대해 보다 상세한 정보를 제시해준다.

목표 달성 기법은 목표가 명확하게 수치화되고 구체적일수록 좋다. 예를들어, "90%", "20% 향상", "4주 안에" 등 수치화하여 제시하는 것이다. 또한 조건, 기한, 제한사항을 함께 제공하면 실행 가능성이 높은 전략을 유도할 수 있다. AI가 단계를 나눌 수 있도록 "~단계로", "우선순위 순으로", "시나리오 형태로"와 같은 형식 지시를 병행하면 매우 효과적인 응답을 이끌어 낼 수 있다.

목표 달성 기법은 'KPI 기반 전략기획이 필요할 때' 유용하다. '프로젝트 마일스톤을 설정하거나 액션플랜을 수립할 때'나 '목표 중심 팀 코칭, 내부 교육 콘텐츠를 디자인할 때'에 활용된다.

AI는 명확한 목표를 인식하면, 그 목표를 달성하기 위한 경로를 스스로 디자인하려는 경향을 보인다. 이때 질문자가 요구하는 조건과 범위를 정확히 전달하면, AI는 훨씬 더 현실적인 실행 전략을 제공할 수 있다.

목표 중심 질문은 실행을 가능하게 만드는 사고의 축이다.

## 4. 문제 해결 기법(Problem-Solving Prompting)

문제 해결 기법은 AI에게 단순히 "해결책을 알려줘"라고 묻는 수준을 넘어, 문제의 정의부터 원인 분석, 실행 전략 도출까지의 전체 사고 흐름을 유도하는 질문 디자인 방식이다. 이 기법은 복잡한 이슈를 다룰 때, AI가 상황을 입체적으로 바라보고, 단계적으로 정리된 해결 프로세스를 제시하도록 돕는다.

단일 질문보다 연속된 단계별 사고 흐름이 필요할 때 특히 효과적이다. 문제의 본질을 파악하고, 근본 원인을 분석하고, 구체적인 실행 방안을 제안하도록 유도하면, AI는 단순 응답자가 아닌 '문제 해결 파트너'로서 작동하게 된다.

예를들어, "직원 이직률이 높은 우리 조직의 상황을 진단하고, 원인 분석 후 실행 가능한 개선 전략을 3단계로 제시해줘.", "신규 서비스가 시장에서 반응이 낮은 원인을 분석해줘. 그리고 개선을 위한 마케팅 전략을 우선순위별로 정리해줘.", "고객 불만이 반복되는 서비스 프로세스를 점검하고, 문제 발생 지점과 그에 따른 해결책을 단계별로 설명해줘."와 같이 단계적인 해결 프로세스를 요청하는 것이다.

문제 해결 기법은 "지난 6개월 간 이직률이 15% 이상인 부서"의 질문처럼 문제 상황을 구체적으로 설명할수록 AI의 분석 정확도는 높아진다. "단계별", "우선순위 중심", "리스크와 함께", "예상 효과 포함" 등 형식과 조건을 덧붙이면 전략적 응답이 강화된다. 문제의 복잡성을 고려해 "장기 vs 단기 전략", "단기 조치와 근본 대책을 구분해줘" 등의 추가 지시도 효과적이다.

문제 해결 기법은 조직 진단, 컨설팅 보고서, 내부 혁신 과제 수립 시에 유용하게 사용된다. 또한 프로젝트 실패 원인 분석 및 재디자인 과정이나, 고객 서비스, 제품 품질, 운영 전략 등의 문제 개선 방안 마련하고자 할 경우에 활용된다.

AI는 문제 해결형 질문을 받았을 때, 문제 인식 → 분석 → 실행 설계라는 흐름을 따르려는 사고 경향을 가지고 있다. 질문자가 맥락과 조건을 얼마나 정교하게 디자인하느냐에 따라, AI의 사고 수준도 단순 요약에서 전략 컨설팅 수준까지 확장될 수 있다.

문제를 푸는 질문은 단순히 답을 구하는 질문이 아니라, 해결을 디자인하는 질문이다. AI가 실질적인 전략을 제안하길 원한다면, 우리는 문제를 어떻게 설정하고 어떤 관점에서 바라보게 할지를 단계적이고, 구체적인 질문을 디자인해야 한다.

전략형 질문은 실행을 디자인하는 도구다. 전략형 질문은 AI에게 '계획'과 '결정'을 요청하는 사고 방식이다. 역할, 목표, 문제의 조건을 명확히 제시할수록 실행 중심 응답의 품질은 높아진다. 단순한 조언을 넘어서, 전략 설계자처럼 사고하게 하려면 질문부터 전략적이어야 한다.

질문이 전략이다. 실행을 끌어내고 싶다면, 전략을 이끌어 내는 질문을 디자인하라.

WHY
·
WHAT
·
HOW
·
GROW

## [전략형 질문 실습 예시]

1) 역할 지정 기법 실습 프롬프트
   - 상황: 새로운 온라인 상품을 기획하고 있는 팀
   - 프롬프트: "너는 지금부터 온라인 커머스 마케팅 전문가야. 2030 여성 타깃 신상품 출시를 위한 마케팅 전략 3가지를 제안해줘. 각 전략은 SNS 채널, 핵심 메시지, 실행 주체를 포함해줘."
   - 포인트: 역할 + 과제 + 실행 조건 명시

2) 목표 달성 기법 실습 프롬프트
   - 상황: 팀의 매출 목표 달성 전략 수립
   - 프롬프트: "3개월 내 온라인 매출 30% 증가를 달성하기 위해 우리 팀이 실행해야 할 핵심 전략을 우선순위별로 3단계로 정리해줘. 자원 제약은 광고 예산 500만 원 이하라는 점도 고려해줘."
   - 포인트: 목표 수치 +, 기한 + 조건 포함

3) 문제 해결 기법 실습 프롬프트
   - 상황: 반복되는 고객 이탈 문제 분석
   - 프롬프트: "지난 6개월간 고객 이탈률이 증가한 이유를 진단하고, 원인을 2가지로 정리해줘. 이후 이를 해결하기 위한 실행 전략을 단기1개월 이내와 중기3개월 내로 나눠 제안해줘."
   - 포인트: 문제 정의 + 단계 구분 + 실행안 포함

☑ **Plan: 전략형 질문 디자인 체크리스트**
- ☐ 내가 원하는 결과는 실행인가, 아이디어인가, 분석인가?
- ☐ '누가', '무엇을', '언제까지', '왜' 실행해야 하는지 명확한가?
- ☐ 목표나 조건은 수치화되어 있는가? 예: "매출 30%", "3개월 이내"
- ☐ AI가 어떤 역할로 사고해야 하는지를 지정했는가?
- ☐ 단계, 우선순위, 리스크 등 사고 구조를 안내했는가?

WHY
·
WHAT
·
HOW
·
GROW

💡 전략형 질문은 단순히 정답을 묻는 것이 아니라, 실행 가능한 사고 구조를 디자인하는 질문이다. 이제 AI에게 명령하지 말고, 전략적으로 사고하게 만들어 보자. 질문을 전략으로 디자인할 수 있을 때, AI는 실행의 디자이너가 된다.

# 6
# Result: 예측형 질문
## - 미래를 읽는 질문 디자인

### 1. 왜 예측형 질문이 중요한가?

예측은 AI에게 답을 묻는 것이 아니라, 가능성을 그려보는 사고 실험이다. AI는 과거와 현재의 데이터를 학습한 언어 모델이다. 그 자체로 미래를 '예측'하는 능력을 갖고 있는 것은 아니지만, 미래에 대한 시뮬레이션적 사고를 유도하는 질문을 던졌을 때, AI는 축적된 데이터와 패턴을 바탕으로 가능성 있는 결과를 구성하고, 잠재적인 시나리오를 설계할 수 있다.

이제는 본격적인 실행에 앞서 이렇게 묻는다. "이 전략을 실행하면 어떤 결과가 나올까?", "이 방향이 더 나은 성과를 낼 수 있을까?" 이런 질문을 통해 우리는 미래의 가능성을 미리 그려보고, 실행 전 리스크를 줄이며 전략의 성공 가능성을 높이길 기대한다. 이때 필요한 것이 바로 결과 예측형 질문이다.

예측형 질문은 단순한 정보 요청이 아니다. "만약 ~라면?", "이렇게 하면 어떤 결과가 생길까?"와 같이 시뮬레이션적 사고를 유도하는 질문 디자인 전략이다. 이런 질문은 AI로 하여금 미래의 행동 결과를 상상하도록 유도하고, 전략 간 효과를 비교하거나 우열을 판단하게 만들며, 리스크와 가능성을 동시에 고려해 시나리오를 설계하도록 이끈다.

예측형 질문은 마케팅 캠페인을 시작하기 전, 예상 반응을 시뮬레이션할 때, 새로운 정책이나 제도의 실행 전, 사회적 파급 효과를 가늠하고자 할 때에 유용하다. 신제품이나 서비스를 출시하기 전, 성공 가능성과 실패 요인을 분석하고자 할 때, 전략 실행의 단기 효과와 장기적 영향을 분리하여 예측하고 싶을 때에 매우 효과적으로 활용된다.

단순히 "이 전략이 효과적일까?"라고 묻는 대신 "이 전략을 영업팀 중심으로, 예산 1천만 원 내에서 실행하면 어떤 결과가 예상되는가?" 라고 질문한다면, AI는 훨씬 더 구체적이고 실질적인 실행 시나리오를 제시할 수 있다.

미래는 질문의 형태에 따라 달라진다. 이제 우리는 단순히 "지금 무슨 일이 일어나고 있는가?"를 묻는 것을 넘어, "앞으로 무슨 일이 일어날 수 있는가?"를 질문하는 미래 지향적 사고 방식으로 전환해야 한다. AI는 그 질문의 구조와 목적에 따라, 미래를 '디자인된 형태'로 시각화해주는 사고 파트너가 된다.

예측형 질문은 단순히 답을 얻기 위한 수단이 아니다. 그 자체가 하나의 미래를 설계하는 실험이며, 불확실성 속에서도 실행의 가능성을 탐색하고, 보다 나은 방향을 찾기 위한 사고 도구다.

미래는 스스로 오지 않는다. 우리가 질문을 통해, 그 가능성을 먼저 그려보아야 한다.

## 2. 성과 분석 기법(Performance Analysis Prompting)

성과 분석 기법은 어떤 전략이나 활동이 실행된 이후, 기대되는 결과를 미리 예측하고 성과를 가상 시뮬레이션해보는 질문 디자인 방식이다. 이 기법은 특히 '성과'라는 결과 중심 관점을 통해 AI로 하여금 실행 후의 상태를 논리적으로 구성하게 만든다.

단순히 "이 전략이 좋을까?"라고 묻는 것이 아니라, "이 전략을 실행했을 때 어떤 수치적 또는 행동적 변화가 일어날까?"라는 방식으로 묻는 것이 핵심이다. AI는 과거 유사 사례, 맥락적 조건, 일반적인 패턴을 토대로 성과 지표 중심의 예측 사고 흐름을 구성한다.

"직원 몰입도를 높이기 위한 피드백 제도 도입 시, 3개월 후 기대할 수 있는 변화와 우려되는 리스크를 함께 예측해줘.", "교육 프로그램을 4주간 운영했을 때, 직원들의 업무 성과에 어떤 영향을 줄 수 있는지 정량적·정성적으로 분석해줘."와 같이 성과 지표에 대해 요구하는 사항을 명확하게 제시하는 질문을 디자인하는 것이다.

성과 지표KPI, 전환율, 참여율, 만족도 등를 명시하면, AI가 예측할 수 있는 기준이 명확해진다. "3개월 후", "도입 직후 2주간"처럼, 시간 조건을 함께 넣으면 현실적 시나리오로 응답을 유도할 수 있다. 예상 결과 외에 부작용 또는 리스크도 함께 묻는다면, 더 입체적 사고 결과를 얻을 수 있다.

성과 분석 기법은 '프로젝트나 전략 실행 전에 기대 성과를 점검하고자 할 때', 성과 목표 수립을 위한 사전 시뮬레이션이 필요할 때', '리더십 코칭, 조직개발 등 '정성적 성과'까지 고려해야 할 때'에 유용하게 활용된다.

성과 분석 기법은 AI에게 "무엇이 어떻게 바뀔까?"를 묻는 질문이다.

AI는 단지 결과를 단언하는 것이 아니라, 그 변화가 어떻게 일어날 수 있는지를 논리적으로 구성한다. 질문은 실행 전 검증 도구다. 전략은 성과를 예측하는 질문 디자인에서부터 시작된다.

## 3. A/B 테스트 기법(A/B Testing Prompting)

A/B 테스트 기법은 두 개 이상의 전략, 콘텐츠, 시나리오 중에서 어떤 선택지가 더 효과적일지를 예측하고 비교 분석하도록 유도하는 질문 디자인 방식이다. AI는 조건을 비교하고, 각 선택안에 따른 성과 가능성, 반응률, 리스크 등을 논리적으로 비교해 제시할 수 있다.

이 기법은 특히 결정 전 대안을 검토하거나, 여러 아이디어 중 우선순위를 정해야 할 때 유용하다. 다양한 조건 속에서 각각의 전략이 미칠 수 있는 영향을 시뮬레이션함으로써, 실제 A/B 테스트를 시행하기 전 사고실험의 장점을 활용할 수 있다.

"신규 랜딩 페이지에서 A안영상 중심과 B안텍스트 중심 중 전환율이 더 높을 가능성이 있는 쪽과 그 이유를 설명해줘.", "사내 교육 캠페인을 알릴 때 A안인포그래픽 중심과 B안이메일 뉴스레터 형식 중 어떤 방식이 몰입도를 높일 가능성이 있는지, 예상 참여율과 함께 제안해줘."와 같이 성과 가능성 등을 구체적으로 응답할 수 있도록 질문을 디자인하는 것이다.

A/B 테스트 기법을 유용하게 사용하기 위해서는 비교 대상을 명확하게 구분되는 두 가지 이상으로 설정한다. 단순한 결과 예측에 그치지 않고, 예측의 이유와 추천 근거를 함께 요청해야 통찰력이 생긴다. 또한 "각 대안의 장단점을 항목별로 비교해줘", "표 형식으로 정리해줘"와 같이

응답 형식도 제시하면 응용도가 높아진다.

A/B 테스트 기법은 '제품, 캠페인, 콘텐츠 등의 사전 검토 및 실험 설계 단계' 제시에 유용하게 사용된다. '여러 안 중 우선순위를 정하고 의사 결정을 내려야 할 때'나 '변화 전/후 전략 선택지에 따른 차이를 시각적으로 정리하고자 할 때'에도 자주 활용된다.

A/B 테스트 기법은 AI에게 단순히 "어떤 것이 더 나을까?"를 묻는 것이 아니다. 그것은 "이 두 가지 중 어떤 선택이 더 효과적이고, 왜 그런 판단을 할 수 있는가?"를 함께 사고하게 만드는 질문 디자인 방식이다. AI는 비교 질문에 사고의 깊이를 더한다. A와 B를 가르고 나면, 선택의 근거가 보이기 시작하기 때문이다.

예측형 질문은 실행 전에 '가상의 결과'를 점검하는 전략이다. 실행 후가 아닌, 실행 전의 사고 실험이 전략의 품질을 높인다. AI는 시뮬레이션 기반 사고와 가상 시나리오 응답에 강점을 가진다. 예측형 질문은 판단을 더 똑똑하게 만드는 미래 대비 사고 도구다. 질문이 곧 예측이다. 결과를 알고 싶다면, 미래를 디자인하는 질문을 던져라.

예측형 질문은 실행 전에 '미래를 디자인하는 도구'다. 실행 결과를 사전에 가정해보고, 그에 따른 다양한 가능성을 시뮬레이션할 수 있다. 성과 분석 기법은 정량·정성적 성과를 중심으로 시나리오를 예측하게 한다. 또한 A/B 테스트 기법은 두 가지 이상 대안을 비교 분석하게 하며, 결정 이전에 사고 실험을 제공한다.

결과가 미리 궁금하다면, 질문부터 예측형으로 바꿔야 한다. 예측형 질문은 아직 오지 않은 미래를 디자인하는 가장 강력한 사고 도구다.

## [예측형 질문 실습 예시]

### 1) 성과 분석 기법 실습 프롬프트

📋 **상황**: 사내 교육 도입 전 효과 검토

❓ **프롬프트**: "신입사원을 대상으로 4주간 온보딩 교육을 진행했을 때 기대할 수 있는 업무 적응도 변화와 교육 종료 후 1개월간 성과 차이를 정량·정성적으로 분석해줘."

🎯 **포인트**: 시간 조건 + 성과 지표 중심 + 정량·정성 병행 요청

### 2) A/B 테스트 기법 실습 프롬프트

📋 **상황**: 두 가지 마케팅 콘텐츠 전략 비교

❓ **프롬프트**: "신규 캠페인에서 A안(숏폼 영상 콘텐츠)과 B안(카드뉴스 중심 콘텐츠) 중 어떤 전략이 20~30대 여성 타깃에게 더 높은 반응률을 이끌 수 있을까? 예상 효과와 이유를 표로 정리해줘."

🎯 **포인트**: 명확한 비교 항목 + 타깃 지정 + 결과 + 근거 포함 요청

---

☑️ **Result: 예측형 질문 디자인 체크리스트**

☐ 결과를 시뮬레이션하고 싶은가? 비교 분석이 필요한가?

☐ 예상 성과 지표 KPI는 무엇인가?

☐ 질문에 시간, 대상, 조건 등 맥락이 포함되어 있는가?

☐ 결과만이 아닌, 예측의 이유와 통찰까지 요청하고 있는가?

☐ 응답 형식을 함께 디자인했는가?

💡 "미래는 기다리는 것이 아니라, 질문으로 먼저 그려보는 것이다." 질문은 단순한 호기심이 아니라, 미래를 설계하는 시작점이다. 예측적인 질문일수록 전략은 더 정교해지고, 전략이 분명할수록 실행은 더욱 단단해진다.

"무엇이 바뀔까?"가 아니라 "무엇이 바뀌어야 하는가?"를 묻는 질문은 이미 변화의 방향을 설정하고 있는 것이다. 질문을 던지는 순간, 우리는 미래를 기다리는 자에서, 미래를 설계하는 자로 전환될 것이다.

# 7
# Insight: 통찰형 질문
## - 창의성을 자극하는 질문의 힘

WHY

**WHAT**

HOW

GROW

## 1. 왜 통찰형 질문이 중요한가?

AI의 등장은 인간 사고의 한계를 넓혀주는 새로운 가능성을 열어주었다. 그동안 우리는 AI를 정보를 검색하는 도구, 데이터를 분석하는 도우미, 또는 문서를 빠르게 작성하는 비서로 활용해왔다.

그러나 이제는 한 걸음 더 나아가야 한다. AI의 진정한 가치는 단순한 정보 제공이나 분석이 아니라, 인간이 미처 생각하지 못했던 방향으로 사고를 확장하고, 새로운 연결과 해석을 통해 통찰Insight을 이끌어내는 능력에 있다. 이러한 AI의 사고 능력을 끌어내기 위해 필요한 질문 전략이 바로 통찰형 질문Insight-Based Prompting이다.

통찰형 질문은 반복적인 사고 흐름을 깨뜨리고, AI로 하여금 색다른 조합, 창의적 연결, 비일상적 시야를 통해 기존의 사고 틀을 넘어서게 만드는 질문 디자인 방식이다. 이 질문은 단순히 "정답은 무엇인가?"를 묻지 않는다. 오히려 이렇게 묻는다.

- "전혀 다른 가능성은 없을까?"
- "이 문제를 완전히 다른 관점에서 보면 어떻게 해석할 수 있을까?"
- "우리가 이 전략을 세울 때, 정말 올바른 질문에서 출발했을까?"

즉, 문제 해결보다 더 근본적인 질문인 '문제 자체를 다시 정의해보자'는 사고 전환을 유도하는 것이다.

통찰형 질문은 익숙한 정보를 새로운 방식으로 연결한다. 문제를 해결하는 것이 아니라, 문제 자체를 재정의한다. 사고의 관성을 깨뜨리고, 창의적 유추를 유도한다. 정답 중심이 아닌, 해석과 가능성 중심의 사고로 전환할 수 있도록 해준다.

"이 기업의 성공 요인은 무엇인가?"라고 묻는 대신, "이 기업이 지금과 정반대의 가치를 추구했다면 어떻게 되었을까?"라는 질문이 더 넓은 사고를 유도한다.

"이 제품이 시장에서 성공할 수 있을까?"보다, "이 제품이 실패한다면, 그 원인은 무엇일까?"라는 질문이 더 깊은 전략적 통찰을 가능하게 한다.

질문을 전환하는 순간, 사고의 방향도 달라진다. 통찰형 질문은 '질문을 바꾸는 질문'이다 통찰형 질문은 단지 AI의 응답을 바꾸는 데 그치지 않는다. 질문하는 사람의 사고 자체를 변화시킨다.

통찰을 요구하는 질문은 열린 가능성과 창의적 상상을 허용한다. 문제를 다시 바라보고, 전략을 다시 설계하며, 정답이 아닌 방향을 묻는 질문이 바로 통찰형 질문이다.

AI는 우리가 던지는 질문의 틀 안에서 사고한다. 그 틀을 확장하는 순간, 우리의 사고도 함께 확장된다. 통찰형 질문은 단지 해답을 얻기 위한 것이 아니라, 질문을 새롭게 디자인하는 질문, 그리고 더 나은 생각을 이끄는 질문이다.

## 2. 혁신 아이디어 도출 기법(Innovation Prompting)

기존의 사고 방식이나 접근법으로는 떠오르기 어려운 아이디어를 발굴하려면, 질문 자체가 상상력을 자극해야 한다. '혁신 아이디어 도출 기법'은 GPT에게 단순한 해결책을 요구하는 대신, 새로운 조합, 전혀 다른 방식, 미래 지향적 상상력을 요구하는 질문을 던지는 방식이다.

이 기법의 핵심은 정답을 찾는 것이 아니라, 전혀 다른 가능성을 탐색하는 것에 있다. GPT는 언어 기반의 창의성을 기반으로 하기 때문에, 문맥을 확장하거나 낯선 결합을 유도하는 조건을 제공하면 상상력의 폭이 훨씬 넓어진다.

"정반대의 관점에서 이 문제를 다시 바라봐줘.", "과거가 아니라 미래 기준으로 이 개념을 재설계해줘.", "스티브 잡스가 이 문제를 봤다면 어떻게 접근했을까? 이러한 질문들은 GPT에게 비유, 유추, 극단적 조건 설정 등을 활용한 상상 실험을 유도하며, 새로운 사고 흐름을 촉진시킨다.

아래의 질문과 같이 산업 간 융합, 소비자 니즈의 전환, 일상 개념의 해체와 재구성 등을 요청하는 질문은 GPT의 사고 전환을 촉진시키는 매우 효과적인 질문 디자인 기법이다.

- "30대 직장 여성의 퇴근 후 시간을 위한 서비스 아이디어를 '게임'이라는 콘셉트로 재해석해줘."

- "카페 공간을 전혀 다른 개념으로 바꾼다면 어떤 형태가 가능할까? 기존의 '음료 중심'이 아닌 방식으로."
- "기존 제품을 전혀 다른 업종에 적용하면 어떤 형태의 혁신 제품이 나올 수 있을까?"
- "'은행'을 개념적으로 해체하고, MZ세대가 원하는 새로운 금융 서비스 형태로 재구성해줘."

혁신 아이디어 도출 기법을 활용하여 질문을 디자인할때는 GPT가 창의적 상상을 하기 위해서는 유사 사례, 비유, 극단적 조건이 함께 제공되어야 한다. "기존 방식이 아닌", "정반대 관점에서", "미래 기준으로", "만약 ~라면?"과 같은 사고 전환 언어를 적극적으로 사용하는 것도 좋은 방법이다. GPT에게 참조할 만한 사례나 실험적 시도를 먼저 제시한 뒤, 이를 바탕으로 새로운 아이디어를 요청하면 창의성이 증폭된다.

## 3. 전략 개선 기법(Strategic Refinement Prompting)

AI는 이미 수립된 전략이나 실행 계획에 대해서도 새로운 관점에서 개선 방향을 도출할 수 있는 사고 능력을 지니고 있다. '전략 개선 기법'은 단순한 수정 요청이 아니라, 전략을 보다 정교하게 다듬고, 실행력을 높이며, 누락된 요소를 보완하도록 유도하는 창의적 질문 방식이다.

이 기법의 핵심은 기존 전략을 부정하거나 파괴하는 것이 아니라, 확장하고 고도화하며 보완하는 방향으로 사고를 확장하는 것이다. 즉, 전략의 빈틈을 점검하고, 성공 확률을 높이는 가능성을 디자인하는 방향의 질문 디자인이다.

질문자는 기존 전략의 핵심 구성 요소나 의도를 먼저 AI에게 제공한 뒤, "이 전략에서 놓치고 있는 건 무엇인가?", "비효율적일 수 있는 요소는?", "더 효과적으로 만들 수 있는 요소는?"과 같이 추가 사고를 요청해야 한다.

- "현재 우리 브랜드의 SNS 운영 전략에서 누락된 기회 요소는 무엇일까?"
- "이 실행 계획에서 비효율적일 수 있는 지점을 찾아 개선 대안을 제시해줘."
- "이 전략의 성공 확률을 높이기 위해 추가할 수 있는 디지털 채널은 뭐가 있을까?"

WHY
WHAT
HOW
GROW

전략 개선 기법을 보다 유용하게 활용하기 위해서는, 기존 전략의 배경, 목적, 실행 방식 등을 간결하게 먼저 제시하고, 그 위에 개선 관점을 유도하는 질문을 덧붙인다. 질문 안에 '기회 탐색', '리스크 보완', '효율성 제고', '새로운 자원 활용'과 같은 명확한 개선 목적어를 포함하면, AI의 응답도 더 정밀해진다.

전략의 특정 부분만 개선하고 싶다면, '채널 전략만 점검해줘', '고객 여정 상 마지막 단계의 문제점을 찾아줘' 등처럼 범위를 좁혀주는 것도 효과적이다. '성공 확률을 높이기 위해', '경쟁 전략과 비교했을 때 부족한 점은' 등 비교 또는 확장적 사고 지시어를 함께 사용하면 더 통찰력 있는 응답을 얻을 수 있다.

## 4. 반문 기법(Counter-Question Prompting)

'반문 기법'은 기존의 질문-응답 구조를 뒤집는 질문 디자인 방식이다. 즉, AI에게 단순히 정보를 요청하는 것이 아니라, 오히려 AI에게 "내 질문이 적절했는가?", "이보다 더 나은 질문은 무엇인가?"를 거꾸로 묻는 방식이다.

이는 질문을 소비하는 방식에서 벗어나, 질문 자체를 성찰하고 점검하며 더 높은 수준의 질문으로 진화시키기 위한 메타적 접근이다.

질문의 품질이 사고의 깊이를 결정한다면, 질문을 되돌아보는 질문, 즉 반문은 사고의 품질을 끌어올리는 도구가 된다. 이 기법은 GPT의 언어적 사고 역량을 활용해, 질문 자체를 AI에게 분석·리디자인하게 만드는 데 의의가 있다.

- "내가 '고객을 늘리려면 어떻게 해야 하나요?'라고 질문했는데, 이보다 더 근본적인 질문은 뭐가 있을까?"
- "지금 세운 이 전략을 검토할 때, 놓치고 있는 더 중요한 질문이 있다면 알려줘."
- "내가 한 질문이 문제 해결에 적합한 질문인지 점검해줘. 다른 관점에서 재구성해볼 수 있을까?"
- "내 질문이 너무 모호하거나 추상적이라면, 어떻게 바꾸면 좋을까?"

반문 기법은 질문을 목적, 방향, 깊이의 측면에서 되돌아보게 만들기 때문에, 전략 기획, 문제 정의, 컨설팅 업무 등 고차 사고 기반의 작업에서 특히 유용하다. GPT는 질문을 받아들이는 순간, 그것의 구조와 의도를 파악하려 하기 때문에, 스스로 점검을 요청받았을 때 더 정밀하게 질문 구조와 누락된 요소를 분석해준다. 이런 대화 구조를 통해 질문자는 질문자 자신이 미처 인식하지 못한 프레임, 전제, 한계를 넘어설 수 있다.

"이 질문보다 더 나은 질문은?", "다른 방식으로 묻는다면 어떤 구조가 좋을까?", "이 질문은 어떤 점에서 부족했는가?"의 표현은 반문 기법으로 유용하게 사용된다. GPT에게 질문의 의도, 구조, 목적, 빠진 관점을 함께 점검해달라고 요청하면 보다 정교한 질문 디자인으로 이어질 수 있다.

반문 기법은 AI와의 협업을 '정보 요청'이 아닌 '사고 확장'의 방식으로 전환시킨다. 질문을 점검하는 질문, 다시 말해 질문을 리디자인하는 메타 질문은 우리가 책을 쓰고 전략을 디자인할 때 놓치기 쉬운 본질을 되찾는 매우 강력한 질문 디자인 기법이다.

통찰형 질문은 AI에게 '답'을 묻는 것이 아니라, '다른 가능성'을 묻는 것이다. 정보형 질문이 무엇을 알고 싶은가를 묻고, 분석형 질문이 왜 그런가, 어떻게 다른가를 정리하고, 전략형 질문이 어떻게 실행할 것인가를 설계한다면, 통찰형 질문은 '왜 이 질문을 하고 있는가'부터 다시 묻는다.

즉, 질문 자체를 바꾸고, 당연하게 여겼던 사고의 틀을 깨며, 새로운 시야를 열어주는 도구가 된다. 답을 바꾸고 싶다면, 질문부터 새롭게 던져야 한다. 통찰은 우연히 오지 않는다.

## [통찰형 질문 실습 예시]

1) 혁신 아이디어 도출 기법 프롬프트
   - 상황: MZ세대를 위한 오프라인 체험 공간 기획 중
   - 프롬프트: "기존의 오프라인 체험 공간과 전혀 다른 콘셉트로, 2030 세대가 몰입할 수 있는 공간 아이디어를 '놀이공원'이라는 틀을 기반으로 재해석해줘. 기존 매장 개념은 배제하고 상상해봐."
   - 포인트: 기존 문맥 배제 + 상상 조건 제시 + 유추·비유 활용

2) 전략 개선 기법 프롬프트
   - 상황: 기존의 SNS 캠페인 전략 고도화 필요
   - 프롬프트: "현재 우리 브랜드는 SNS 채널을 중심으로 콘텐츠를 운영 중이야. 이 전략의 비효율적인 부분과 놓치고 있는 타깃/기회 요소가 있다면 알려줘. 보완 전략도 제시해줘."
   - 포인트: 기존 전략 제공 + 보완 관점 요청 + 기회 탐색 명시

3) 반문 기법 프롬프트
   - 상황: 신제품 전략 검토 중, 질문의 수준 점검 필요
   - 프롬프트: "내가 지금 '이 제품은 누구에게 팔 수 있을까?'라고 질문했어. 그런데 이 질문이 적절한가? 혹시 더 근본적인 질문이 있을까? 지금 질문이 놓치고 있는 관점이 있다면 다시 구성해줘."
   - 포인트: 질문 반성 유도 + 더 나은 질문 탐색 + 질문 재설계 요청

☑️ Insight: 통찰형 질문 디자인 체크리스트
- ☐ 내가 묻는 질문은 정답을 찾기 위한 질문인가, 사고를 넓히기 위한 질문인가?
- ☐ 기존 사고 틀을 벗어나는 시도를 유도하고 있는가?
- ☐ AI에게 비유, 유추, 극단 조건 등의 상상 요소를 제공했는가?
- ☐ 질문의 수준을 점검하거나, 더 나은 질문 가능성을 AI에게 요구했는가?
- ☐ 전략, 아이디어, 구조 등 대상에 따라 질문 목적이 명확하게 디자인되었는가?

WHY
·
WHAT
·
HOW
·
GROW

💡 통찰형 질문은 질문 자체를 새롭게 디자인하는 것이다. 질문이 바뀌면 생각이 달라지고, 생각이 달라지면 결과가 달라진다. AI는 사고를 뛰어넘는 질문의 연습을 통해, 당신의 상상력을 현실로 연결시켜줄 수 있다.

질문은 '던지는 것'이 아니라
'디자인하는 것'이다.

**PART 3**

# 어떻게 질문을
# 다듬고 확장할 것인가?
### 실전 리팩토링과 AI 협업 전략

WHY · WHAT · **HOW** · GROW

## 8장
# 질문 리팩토링
## - AI가 이해하는 언어로 바꾸기

WHY

WHAT

**HOW**

GROW

## 1. 왜 질문 리팩토링이 중요한가?

질문을 디자인하는 순간, AI의 사고도 달라진다. 질문은 단순히 한 문장을 던지는 행위가 아니다. 특히 Gen AI 시대에 들어서면서, 질문은 곧 사고의 구조이며, AI와 협업을 시작하는 출발점이 되었다.

질문의 구조, 표현 방식, 포함된 조건, 그리고 목적이 어떻게 설정되느냐에 따라 AI가 이해하는 수준과 생성하는 응답은 완전히 달라질 수 있다.

같은 내용을 묻더라도 질문을 어떻게 구성하느냐에 따라 AI의 반응은 전혀 다른 결과로 나타난다.

"문제점을 알려줘"라는 질문은 AI에게 지나치게 추상적으로 들릴 수 있다. 하지만, "최근 3개월 간 고객 이탈률이 상승한 이유를 서비스 품질 관점에서 분석해줘"라고 묻는다면, AI는 문제의 맥락과 분석 기준을 인식하고 훨씬 더 정확하고 실용적인 응답을 제공할 수 있다.

질문은 '즉흥적으로 던지는 말'이 아니라, 의도와 맥락을 담아 전략적으로 설계되어야 할 언어적 도구이다. 그리고 이 질문을 더 정교하고 효과적인 형태로 다듬는 작업이 바로 질문 리팩토링Question Refactoring이다.

'리팩토링refactoring'이라는 개념은 원래 소프트웨어 개발에서 사용되는 용어로, 기존 코드를 더 효율적이고 명확한 구조로 재정비하는 작업을 의미한다. 이 개념을 질문 설계에 적용하면, 질문의 본질은 유지하면서도 구조와 표현을 목적에 맞게 재설계하는 것이 된다.

즉, 질문 리팩토링이란? 처음 던진 질문의 초안을 그대로 두지 않고, 그 안에 담긴 목적과 의도를 더 잘 드러나게 하고, AI가 더 정밀하게 사고할 수 있도록 질문을 재구성하는 작업이다.

질문 리팩토링을 잘하는 사람은 AI를 단순한 '답변기'가 아니라, 함께 사고하는 파트너로 활용할 수 있다.

질문이 정교해질수록, AI는 더 깊은 통찰, 더 정확한 정보, 더 창의적인 아이디어를 생성할 수 있다.

좋은 답을 얻고 싶은가? 그렇다면 먼저, 질문을 리팩토링하라. 그것이 AI와의 대화 수준을 높이는 가장 확실한 방법이다.


## 2. 질문 디자인 점검 체크리스트

좋은 응답은 좋은 질문에서 시작된다. 질문을 리팩토링할 때 가장 먼저 해야 할 일은 "내가 정말 알고 싶은 것이 무엇인가?"를 스스로에게 되묻는 것이다.

질문의 방향과 목적이 불분명하면, AI의 응답 역시 추상적이거나 맥락에서 벗어난 결과로 이어질 수 있다. 아래 체크리스트는 질문을 재구성하거나 리팩토링할 때, AI와 더 정밀하고 효과적인 대화를 설계하기 위한 핵심 점검 항목들이다.

1) 질문의 목적이 명확한가? 내가 원하는 것이 정보인지, 분석인지, 전략인지, 예측인지를 구체적으로 구분해야 한다.
   - "(정보형)2024년 산업별 매출 순위 알려줘."
   - "(분석형)매출 하락의 원인을 분석해줘."
   - "(전략형)신제품 출시를 위한 실행 전략을 설계해줘."

2) AI가 이해할 수 있도록 충분한 맥락이 제공되었는가? 질문이 만들어진 배경 시간, 대상, 상황 등을 함께 제시하면 AI가 보다 정확하게 문제를 이해하고 응답을 구성할 수 있다.
   - "최근 3개월 이내, 2030 여성 고객의 구매 감소 원인을 분석해줘."

3) 조건 범위, 기간, 형식 등이 구체적인가? 질문에 포함된 제한 조건이 명확할수록 AI의 응답도 정밀해진다.
   - "3개월 이내 데이터를 기반으로", "3가지 항목으로", "표로 정리해줘" 등

4) 문장 구조가 논리적이고 단계적인가? 한 문장에 여러 내용을 섞기보다는, 핵심 → 조건 → 형식의 순서로 질문을 단계화하면 좋다.
   - "고객 이탈 원인을 알려줘." → "2023년 하반기 기준, 정기 구독 고객 이탈 원인을 표로 정리해줘."

WHY
·
WHAT
·
HOW
·
GROW

5) 질문에 사용된 단어가 모호하지 않고 구체적인가? "성과"나 "만족도"처럼 추상적인 표현보다는
측정 가능한 지표나 수치를 활용한 표현이 효과적이다.
- 예: "고객 만족도" → "NPS 점수", "재구매율", "클레임 발생 건수"

이 체크리스트를 기반으로 질문을 점검하고 리팩토링한다면, AI는 훨씬 더 정확하고 목적에 부합하는 응답을 제공할 수 있다. 좋은 질문은 그 자체로 문제 해결의 절반이며, 질문을 다듬는 과정은 곧 사고를 정제하는 과정이다.


## 3. 동일한 질문, 더 나은 구조로 재구성하는 법

질문 리팩토링은 단순히 문장을 보기 좋게 다듬는 작업이 아니다. 질문이 명확해야 AI도 명확한 응답을 줄 수 있다. 리팩토링은 '질문 내용은 같되, 표현 구조는 다르게' 디자인하는 작업이다. 핵심 메시지를 보다 논리적인 흐름으로 배열하고, 질문에 포함된 모호한 표현이나 불필요한 일반화를 제거하며, 실제 목적에 맞는 조건과 배경 정보를 첨가함으로써 AI의 사고 방향을 정교하게 유도하는 것이다.

이 과정은 단순히 문장을 '예쁘게' 만드는 것이 아니라, AI가 의도한 맥락을 이해하고 깊이 있는 답을 생성할 수 있도록 하는 사고 디자인이다. 특히 '누구에게 묻는가', '언제, 어떤 조건에서 묻는가', '어떤 형식으로 응답받고 싶은가'를 명확히 하는 것이 핵심이다. 리팩토링된 질문은 AI를 마치 전문가처럼 작동하게 만들 수 있다.

다음은 실제 질문 리팩토링 사례이다.

- BEFORE: "우리 회사의 문제점이 뭐야?"
- AFTER: "최근 6개월간 고객 이탈률 증가와 관련된 우리 회사의 내부 운영 프로세스 상 문제점을 3가지로 정리해줘."
- BEFORE: "MZ세대에게 어필할 전략이 뭐야?"
- AFTER: "20~30대 직장인을 대상으로 브랜드 인지도를 높이기 위한 SNS 콘텐츠 전략 3가지를 제안해줘. 각 전략은 채널, 톤앤매너, 실행 포인트를 포함해서."
- BEFORE: "성과를 높이려면 어떻게 해야 할까?"
- AFTER: "다음 분기 내 온라인 고객 전환율을 30% 이상 끌어올리기 위한 실행 전략을 마케팅 채널 중심으로 3단계로 제시해줘."

WHY
WHAT
HOW
GROW

이처럼 질문을 리팩토링하면, AI는 더 구체적이고 정교하며, 실제로 쓸 수 있는 유용한 답변을 만들어낸다. 질문은 단순한 문장이 아니다. AI가 어떤 맥락에서 사고하게 할 것인지, 어떤 범위를 탐색하게 하고, 어떤 기준으로 판단하도록 유도할 것인지를 결정하는 설계도이다.

질문은 다듬을수록 명확해지고, 명확해질수록 AI는 더 똑똑하게, 더 전략적으로 반응한다. 애매했던 응답은 사라지고, 실행 가능한 인사이트가 눈앞에 펼쳐진다.

질문은 단순한 도구가 아니다. 질문은 방향이고 전략이며, AI 시대의 새로운 언어이자 사고의 구조다. 답은 언제나 질문의 수준을 넘지 못한다. 당신의 질문이 달라지는 순간, AI의 응답도, 당신의 일도, 전혀 다른 차원으로 확장되기 시작할 것이다.

## 4. GPT와의 질문 디자인 테스트 실습

질문 리팩토링의 진짜 효과는 실전에 있다. 같은 질문이라도 어떻게 디자인하느냐에 따라 AI의 응답 품질이 얼마나 달라지는지를 실습을 통해 직접 체감해보는 것이 중요하다. 다음은 단계별로 GPT와 함께 질문 리팩토링을 실험하는 방법이다.

① 먼저 간단한 질문을 던진다.
- 예: "우리 조직의 문제점이 뭐야?"
- AI는 이 질문에 대해 일반적인 응답이나 모호한 진단을 줄 가능성이 높다.

② 이어서 리팩토링된 질문을 던진다.
- 예: "최근 3개월간 고객 응대 지연 사례를 중심으로 조직 내부 커뮤니케이션의 문제점을 3가지로 분석해줘."
- 리팩토링된 질문은 맥락, 조건, 범위, 형식이 구체적으로 디자인되어 있어 AI가 보다 정밀하고 실질적인 응답을 제공하게 된다.

③ 두 답변을 비교한다.
- 어떤 질문이 더 구체적인 데이터를 주었는가?
- 인사이트가 풍부한 응답은 어떤 질문에서 나왔는가?
- AI가 더 자연스럽게 문제 해결 방향을 제시한 쪽은 어디였는가?

④ 피드백을 정리한다.
- 질문 리팩토링을 통해 얻은 개선점과, 다음 질문 디자인에 반영할 교훈을

간단히 정리해본다.

리팩토링 실습은 회의 전 준비, 보고서 작성 전 사전 브레인스토밍, 기획 아이디어 도출 등 실무 활용도 높은 훈련 방법이다. 가능하다면 동일한 질문을 리팩토링 3단계로 디자인하여, AI의 사고 흐름이 어떻게 달라지는지도 테스트해보자.

질문은 디자인하고, 리팩토링하고, 실험해야 한다. 좋은 질문은 처음부터 완성되는 것이 아니다. 질문은 생각의 언어이자, 협업의 기술이며, 반복해서 다듬을수록 정교해진다. AI와의 협업에서도 질문의 퀄리티가 결과를 결정한다. 지금 던지는 질문이 기대한 결과를 주지 않는다면, 문제는 AI가 아니라 질문일 수 있다.

질문을 리팩토링하라. 그것이 AI와 협업하는 질문 디자인의 진짜 시작이다.

## 9장

# FTP-RI 기법
## - 질문을 단계별로 디자인하라

### 1. 왜 질문을 단계별로 디자인해야 하는가?

우리는 흔히 질문을 하나의 문장으로 끝나는 것으로 생각한다. 하지만 좋은 질문은 단순한 '묻는 행위'가 아니라, 사고의 구조를 따라가는 설계된 흐름을 갖는다. 정보를 수집하고, 원인을 분석하며, 실행 전략을 구상하고, 그 결과를 예측하고, 마지막에는 새로운 통찰까지 이끌어내는 것이다. 이것이 질문이 지닌 진짜 힘이다.

특히 Gen AI와 협업할 때, 이러한 사고 흐름을 반영하여 질문을 단계별로 디자인하는 일은 더욱 중요해졌다. 그래야 AI도 인간처럼 생각의 순서에 따라 응답을 구성하고, 더 정확하고 풍부하며 실질적인 답변을 생성할 수 있다.

이때 사용할 수 있는 가장 효과적인 질문 디자인 도구가 바로 FTP-RI 기법이다. 이 기법은 질문을 다섯 단계로 나누어, AI가 사고 흐름을 따라가며 점점 더 정교한 답을 생성할 수 있도록 돕는다.

# Fact - Think - Plan - Result - Insight

**F**(Fact)　　사실을 묻는 질문이다. 정보를 수집하고, 기초 데이터를 얻는 데 적합하다.

**T**(Think)　　분석하는 질문이다. 이유나 원인을 파악하고, 논리적인 사고 흐름을 정리할 수 있다.

**P**(Plan)　　실행을 묻는 질문이다. 어떤 행동을 해야 하는지, 실행 전략을 도출하는 데 도움을 준다.

**R**(Result)　　결과를 예측하는 질문이다. 특정 전략이 어떤 결과로 이어질지를 시뮬레이션해볼 수 있다.

**I**(Insight)　　통찰을 유도하는 질문이다. 새로운 관점이나 창의적인 가능성을 열어준다.

WHY
·
WHAT
·
HOW
·
GROW

이 구조는 마치 생각의 계단을 한 칸씩 올라가는 것과 같다. 단계적으로 질문을 디자인하면, AI는 그 흐름을 따라가며 더 정확하고 깊이 있는 응답을 생성할 수 있다. 결국 질문의 질이 사고의 질을 결정한다.

## 2. FTP-RI 기법을 왜 활용해야 하는가?

AI와 대화할 때 "왜 자꾸 엉뚱한 답이 나올까? 이렇게 해도, 저렇게 물어보아도 응답 내용이 마음에 들지 않았다면, 그 이유는 질문에 단계와 구조가 없기 때문일 수 있다.

AI는 질문이 모호하거나 한 문장에 여러 의도가 섞여 있다면, AI는 핵심을 파악하기 어려워지고, 결국 일반적이고 피상적인 답변을 내놓을 수밖에 없다.

특히 문제가 복잡해질수록 하나의 질문만으로는 본질에 다가가기 어렵다. 정보를 수집하고, 그 이유를 분석하며, 실행 방안을 고민하고, 결과를 예측하고, 마지막엔 더 근본적인 통찰까지 도달하는 사고의 흐름이 필요하다.

FTP-RI 기법은 바로 이 사고의 흐름을 질문으로 자연스럽게 구조화하는 전략이다.

마치 사고의 네비게이션처럼 FTP-RI는 사고의 단계Fact-Think-Plan-Result-Insight를 따라 질문을 하나씩 쪼개고 연결시킴으로써, AI가 정해진 방향 안에서 생각을 확장할 수 있도록 도와준다. 이렇게 단계적으로 질문을 디자인하면 AI는 더 깊고 정밀하게 사고하고, 더 명확하고 실질적인 답변을 제공하게 된다.

AI는 맥락이 주어지지 않은 단일 질문만 받으면 가장 일반적인 응답을 할 수밖에 없다. 하지만 FTP-RI처럼 질문에 단계와 방향이 주어졌을 때, AI는 그 흐름을 인식하고 점차적으로 전략적 인사이트로 나아가는 응답을 생성할 수 있다.

결국 FTP-RI는 AI와의 대화를 단순한 정보 교환에서, 생각을 함께 설계하는 협업의 장으로 전환시켜주는 도구이다.

이 기법의 효과는 다음과 같다.

- 복잡한 과제를 단계별 사고 흐름으로 분해할 수 있다.
- 막연한 주제도 질문을 순서대로 쪼개면 구조적으로 접근할 수 있다.

- AI에게 단순히 "왜?"라고 묻기 전에, 팩트를 먼저 확인하고 분석을 요청하는 구조가 응답의 깊이를 결정한다.
- 팀 회의, 전략 수립, 아이디어 회의에서도 FTP-RI 흐름에 따라 질문을 구성하면 논의가 정돈되고, 생산성이 높아진다.
- 질문이 논리적으로 축적되므로, AI와의 대화 결과물 자체가 사고의 기록이 되어, 나중에 보더라도 맥락이 명확하게 드러난다.

질문은 호기심의 표현을 넘어, 사고를 설계하고 전략을 조직하는 도구가 될 수 있다. 그 가능성을 가장 효과적으로 실현하는 방식이 바로 FTP-RI 질문 기법이다.

## 3. FTP-RI 단계별 질문 사례

다음에 제시한 각 사례는 실제 조직에서 자주 마주치는 과제들을 기반으로 한다. 독자는 자신의 업무 현장과 유사한 상황을 골라 FTP-RI 질문 구조를 어떻게 적용할 수 있을지 구체적으로 연습할 수 있다. 각 사례는 하나의 주제를 중심으로 Fact정보 수집, Think분석, Plan실행 전략, Result예측, Insight통찰 도출 흐름에 맞춰 질문을 구성하였다. 이를 통해 복잡한 문제 상황을 명확하게 구조화하고, AI로부터 더 깊이 있는 인사이트를 도출할 수 있을 것이다.

## [사례1] 조직 전략 및 경영 과제

### 1 조직 비전 재정립
– 변화와 전환의 시대, 조직의 방향성 재구성

상황 정보: 시장 변화는 빠르고, 기술은 매일 진화하고 있다. 이런 변화 속에서 많은 조직들이 과거에 세운 비전이 더 이상 힘을 발휘하지 못하는 상황에 직면해 있다.

- "우리 회사 비전이 뭔지는 아는데… 솔직히 내 일과 무슨 관련이 있는지 잘 모르겠어요."
- "고객 중심, 혁신, 글로벌… 다 좋은 말이지만, 너무 추상적이어서 실천까지 연결되지 않아요."
- "디지털 전환은 급속히 진행되는데, 비전은 여전히 과거 프레임에 묶여 있어요."
- "MZ세대 신입사원들은 비전을 보며 '왜 이게 나한테 중요한가요?'라고 되물어요."
- "ESG나 지속 가능성을 강조하지만, 조직의 비전에는 그런 흐름이 전혀 반영되어 있지 않아요."
- "구성원들은 비전이 있다는 건 알지만, 실제 업무나 전략에는 반영되지 않는다고 느낍니다."
- "우리는 여전히 10년 전 만든 비전을 붙들고 있는데, 시장은 매년 완전히 바뀌고 있어요."

비전은 단지 선언문이 아니라, 조직의 정체성을 담고 행동의 방향을 제시하는 나침반이어야 한다. 이를 위해, 질문을 통해 사고 흐름을 정리하고 AI와 협업해 비전을 리디자인할 수 있다.

WHY
·
WHAT
·
HOW
·
GROW

### FTP-RI 질문 디자인 흐름

**F**(Fact): 현재의 비전과 경영목표를 객관적으로 정리한다

"우리 조직이 현재 사용하고 있는 비전 문장과 최근 3년간의 경영 목표를 요약해줘." 비전 재정립의 출발점은 지금의 위치를 정확히 파악하는 것이다. GPT에게 다음과 같은 정보를 요청할 수 있다.

공식 비전/미션/핵심가치 문구, 경영목표재무, 고객, 내부 프로세스, 학습과 성장 등, 최근 발표된 CEO 메시지, ESG 전략, IR 자료 요약 등을 정리한다. 이 단계는 '변화를 위해 무엇을 바꾸어야 하는가'를 정의하기 위한 기초자료 수집이다.

**T**(Think): 구성원 인식과 실제 간 괴리를 분석한다

"구성원들은 현재의 비전을 어떻게 인식하고 있을까? 현실과 어떤 괴리감을 느끼고 있을까? 비전은 존재만으로 효과를 가지지 않는다. 그 내용이 '공감될 때', 비로소 전략적 기능을 하게 된다.

GPT에게 구성원 설문 결과 요약비전 이해도, 몰입도, "비전이 너무 추상적이다" 또는 "실행과 연결되지 않는다"는 피드백 분석, 부서별/세대별 비전 수용 차이 분석, 실제 업무에서 비전이 언급되거나 반영되는 빈도 등을 요청할 수 있다.

이 단계는 이해도와 실행력의 간극을 드러내는 분석이다. GPT는 이 간극의

원인을 구조·문화·언어 측면에서 정리해줄 수 있다.

**P**(Plan): 새로운 비전 수립을 위한 핵심 키워드를 도출한다
"우리 조직의 정체성과 변화 방향을 반영한 새로운 비전 수립을 위해 핵심 키워드 5개를 제안해줘." 비전을 바꾼다는 것은 단순히 문장을 다시 쓰는 것이 아니라, 조직이 앞으로 누구를 위해, 어떤 가치를, 어떻게 실현할 것인가를 정하는 일이다.

GPT에게 고객 중심성/기술 혁신/지속가능성/신뢰/성장 등 핵심 가치군에서 선택, 산업과 비즈니스 모델에 적합한 차별적 키워드 도출 등 키워드 디자인를 요청할 수 있다. 이 키워드는 향후 비전 문구 설계, 슬로건 개발, 메시지 프레임 구성의 재료가 된다.

**R**(Result): 구성원 수용성과 실행 가능성을 예측한다
"새롭게 수립된 비전이 조직 내에서 잘 수용되고 실행으로 이어질 수 있을지 예상해줘." 비전이 아무리 멋있어도, 조직에 '전파되고', 구성원이 '자발적으로' 내면화하지 못하면 무용지물이다.

GPT에게 내부 커뮤니케이션을 통해 비전이 전파되는 시나리오, 구성원들이 비전에 느끼는 감정 반응자부심/거리감 등, 리더십/HR/브랜드 커뮤니케이션 측면의 실행 연계도, KPI, 목표관리MBO/OKR와의 정렬 여부 등의 시뮬레이션을 요청할 수 있다. 이 단계는 비전을 전략과 문화에 '붙이는 설계'를 예측하는 관점이다.

**I(Insight): 조직이 지향해야 할 미래상에 대한 통찰을 도출한다**

"우리가 비전을 재정립하며 생각해봐야 할 더 근본적인 질문이나, 놓치고 있는 미래의 조직상은 무엇일까?" 이 단계는 단기 전략이 아닌, 조직의 정체성과 미래 존재 방식에 대한 사유를 여는 단계이다.

GPT에게는 "기술과 인간의 조화를 추구하는 조직이란 무엇인가?", "조직이 사회에 남길 궁극적인 영향은 무엇이어야 하는가?", "우리는 어떤 조직이 되어야 지속가능한 존재가 될 수 있을까?" 등의 질문을 통해 요청할 수 있다. 이 단계에서 GPT는 비전의 '문장'이 아니라, 비전의 철학을 제안해 줄 수 있다. 이는 CEO 메시지, 핵심가치 내러티브, 임직원 캠페인 설계 등으로 확장 가능하다.

WHY
·
WHAT
·
**HOW**
·
GROW

### 요약 정리

| FTP-RI 단계 | 질문 목적 | 설명 |
| --- | --- | --- |
| F(Fact) | 현재 비전과 경영목표 진단 | 조직의 출발 지점 정리 |
| T(Think) | 구성원의 인식과 괴리 분석 | 실천성과 공감력 점검 |
| P(Plan) | 새로운 비전을 위한 키워드 제안 | 방향성 재설계 |
| R(Result) | 실행 가능성과 수용도 예측 | 비전 정착 전략 전망 |
| I(Insight) | 비전의 본질적 의미 성찰 | 조직이 가야 할 미래상 탐색 |

FTP-RI은 조직 비전 재정립 분야의 비전 재정립 워크숍 디자인경영진/핵심인재 대상, GPT 기반 비전 문장 디자인와 핵심가치 리디자인 작업, CEO 메시

지, 브랜드 슬로건, 전사 방향성 내러티브 개발과 전략 프레임워크 설계 시 'WHY' 디자인 요소로 활용할 수 있다.

## 2 성과평가 제도 혁신
　- 평가에서 몰입으로, 성장을 이끄는 제도 전환 질문 디자인

상황 정보: 성과를 평가하는 방식이, 여전히 사람을 통제하는 방식에 머물러 있다. 많은 조직이 성과평가를 운영하고 있지만, 몰입과 성장을 이끄는 시스템으로 전환하지 못하고 있다. 특히 다음과 같은 현상이 반복된다면, 지금이 바로 평가 패러다임을 바꿔야 할 시점이다.

- "평가 기준이 불명확하고 너무 주관적이에요. 누가 누구를 평가하느냐에 따라 달라져요."
- "성과를 잘 냈는데도, '그게 네가 잘해서냐?'는 식의 피드백만 돌아옵니다."
- "연봉 결정 말고는 평가가 어떤 의미가 있는지 모르겠어요."
- "개발 피드백은 없고, 1년에 한 번 형식적인 평가서만 작성합니다."
- "팀장님도 우리가 뭘 했는지 정확히 모르고 평가하는 것 같아요. 그냥 틀에 맞춰 점수만 매기죠."

GPT와 함께 FTP-RI 기법으로 질문을 구성하면, 현재의 제도를 진단하고, 조직에 맞는 변화 중심의 성과평가 디자인 전략을 도출할 수 있다.

### FTP-RI 질문 디자인 흐름

**F**(Fact): 현재의 성과평가 운영 방식과 문제 인식을 파악한다

"우리 조직에서 현재 운영 중인 성과평가 방식, 평가 기준, 구성원 불만 요소를 정리해줘." 문제 해결은 사실 진단에서 시작된다.

GPT에게 성과평가 주기연 1회, 분기별 등, 평가 방식상대/절대 평가, 주요 평가 항목KPI, 역량, 태도 등과 배점 구조, 구성원 만족도 조사 결과, 익명 설문 피드백, "성과보다 눈치 보는 평가", "결과만 보는 평가" 등 내부 인식에 관해 정보를 정리해달라고 요청할 수 있다. 정책 문서, 구성원 체감 간의 간극을 구체적으로 파악하는 것이 핵심이다.

WHY
·
WHAT
·
HOW
·
GROW

**T**(Think): 성과와 평가 결과 사이의 괴리를 분석한다

"구성원들의 실제 성과와 평가 결과가 괴리되는 원인은 무엇일까? 제도적, 실행적, 관계적 측면에서 분석해줘." 많은 경우, 성과와 평가 점수가 일치하지 않는 이유는 다음 세 가지 층위로 나뉜다.

| 측면 | 설명 |
| --- | --- |
| 제도적 | 평가 기준이 추상적이거나, 일률적 상대평가 적용 |
| 실행적 | 평가자의 역량 부족, 피드백 기피, 체크박스식 평가 |
| 관계적 | 리더-구성원 간 신뢰 부족, 인식 차이, 감정 개입 가능성 |

GPT는 이를 기반으로 구조의 문제 vs 운영의 문제를 분리해 분석할 수 있다. "성과 기준이 명확하지 않아 평가가 주관적으로 느껴진다"는 피드백이 있다면, 이는 지표 설계의 문제일 수 있고, 동시에 피드백 문화의 부재일 수도 있다.

## P(Plan): 변화 유도형 성과평가 제도를 디자인한다

"성과와 몰입을 동시에 유도할 수 있는 성과평가 제도 디자인안을 제안해줘. 예를들어 OKR 기반, 상호 피드백 기반, 성장 피드백 구조 등" 이 단계에서 GPT에게 다음과 같은 변화 중심 전략을 요청할 수 있다.

- OKR 기반 평가: 결과Output + 과정Outcome 중심의 목표 설정
- 피드백 중심 평가: 연 1~2회의 평가보다 주기적 성장 코칭 중심 운영
- 360도 다면 피드백: 상사뿐 아니라 동료/고객의 관점도 반영
- 성장 일지/리플렉션 기반 자기평가: 구성원이 스스로 성장 내역을 설명
- 평가 결과 = 학습 설계로 연결되는 IDP개인 개발계획 시스템 연계

GPT는 조직 규모, 리더십 스타일, HR 여건 등을 반영해 적합한 모델을 제시할 수 있다.

## R(Result): 새로운 평가 방식이 미칠 변화와 리스크를 예측한다.

"새로운 성과평가 제도를 도입했을 때, 구성원들의 반응과 기대되는 성과 변화는 무엇일까?" GPT는 아래와 같은 항목을 중심으로 예측할 수 있다.

- 긍정 반응: 공정성에 대한 신뢰 증가, 피드백 참여도 향상
- 부정 반응: 평가 부담 증가, 목표 설정 부담, 초기 혼란
- 성과 변화: 몰입도 상승, 목표 정렬도 향상, 리더의 코칭력 개선
- 관리 포인트: 교육 필수, 평가자 코칭, 파일럿 운영 후 점진적 확산

평가 제도는 단순한 정책 변경이 아닌 문화 변화이므로 예측 리스크와 기대 효과를 시뮬레이션하는 것이 매우 중요하다.

**▎(Insight): 평가보다 더 중요한 '성장 기반' 문화의 가능성을 탐색한다**
"지금까지의 성과평가 중심 운영에서 우리가 놓치고 있던 진짜 중요한 관점은 무엇일까?" 이 단계는 평가 자체를 넘어, 조직 문화 전환을 위한 통찰을 도출하는 단계다. GPT에게 다음과 같은 질문을 확장할 수 있다.
우리는 '평가'가 아닌 '성장을 지원하는 제도'를 운영하고 있는가? 조직은 평가 결과를 구성원에게 어떤 메시지로 전달하고 있는가? 평가 제도가 리더의 '권한'이 아니라 구성원과의 '관계'로 작동하고 있는가? GPT는 이를 통해 '성장 기반 성과문화'로의 진화 방향을 제시할 수 있다.

### 📝 요약 정리

| FTP-RI 단계 | 질문 목적 | 설명 |
|---|---|---|
| F(Fact) | 현재 제도와 문제 요소 정리 | 제도의 구조와 구성원 인식 진단 |
| T(Think) | 성과-평가 괴리 원인 분석 | 실행 구조/신뢰 구조 분석 |
| P(Plan) | 성과 + 몰입을 유도할 새 제도 디자인 | 피드백 중심, OKR 기반, 성장 연계 구조 |
| R(Result) | 제도 변화 시 예상 반응과 성과 예측 | 시뮬레이션 기반 리스크와 기대 정리 |
| I(Insight) | 평가의 본질적 목적 재해석 | 성장 중심 조직문화로의 확장 가능성 탐색 |

FTP-RI은 조직 비전 재정립 분야의 성과평가 제도 혁신에 있어서, HR담당자 대상 성과제도 진단 워크숍, GPT와 함께 평가 피드백 텍스트 개선 및 평가 문항 설계에 활용할 수 있다. 또한 조직 리더십 세션에서 공정성 → 신뢰 → 성장 구조 전환 전략 제안 및 성과관리 리포트, HR 전략 제안서 작성 시 구조적 활용이 용이하다.

## 3 위기 대응 전략 수립(외부 환경 변화)
– 혼돈 속에서 기회를 찾는 사고 흐름 질문 디자인

**상황 정보:** 지금의 시장은 '안정'보다 '혼돈'이 더 익숙한 시대다. 급변하는 외부 환경 속에서, 기존의 전략계획 방식만으로는 위기를 기회로 바꾸기 어렵다. 아래와 같은 상황이 반복된다면, 전략은 반응이 아니라 '사고의 재설계'로 접근해야 한다.

- "갑자기 환율이 급등했어요. 원자재 수입 단가가 확 올라서 마진이 무너지고 있습니다."
- "금리가 올라가면서 소비 심리가 급속히 위축되고 있어요. 기존 예측 모델이 전혀 맞지 않아요."
- "경쟁사가 우리가 준비도 안 된 시장에 먼저 진입했습니다. 그쪽이 먼저 주도권을 가져갈 것 같아요."
- "고객들이 ESG 관련 이슈로 브랜드 신뢰에 의문을 갖기 시작했어요. 내부 대응 매뉴얼도 부족합니다."

- "AI 기술 도입이 너무 빨라요. 지금 우리가 팔고 있는 서비스가 몇 달 안에 구형이 될지도 몰라요."

이러한 상황에서는 위기를 하나의 시스템 문제로 보고, AI와 함께 단계별로 진단하고 디자인하는 방식이 필요하다. FTP-RI 기법은 복잡한 위기 상황을 체계적으로 분해하고, GPT로부터 대응 전략 및 통찰을 이끌어내는 데 탁월하다.

WHY

WHAT

HOW

GROW

### FTP-RI 질문 디자인 흐름

**F**(Fact): 외부 시장 변화와 리스크 데이터를 수집한다

"최근 6개월간 우리 산업과 관련된 주요 시장 동향, 글로벌 경제지표, 업계 리스크 분석 데이터를 요약해줘." 위기 대응의 시작은 정확한 사실 기반 진단이다. GPT에게 다음과 같은 항목들을 요청할 수 있다.

- 거시 환경: 환율, 금리, 유가, 경기 선행지수 등
- 산업 지표: 성장률, 투자 흐름, 수요·공급 변화
- 규제 이슈: 새로 강화된 정부 정책, ESG 규제 등
- 경쟁사 데이터: M&A, 신제품 런칭, 가격 인하 정책 등

이 단계는 "우리가 처한 위기 상황을 정확히 정의"하기 위한 정보 기반이다. GPT는 시장 보고서 요약, 외신 브리핑 요약, 핵심 키워드 추출 등을 빠르게 해줄 수 있다.

**T**(Think): 조직의 취약 지점과 대응 미흡 원인을 분석한다

"이런 외부 리스크에 대해 우리 조직이 취약한 분야는 어디이며, 준비가 부족했던 이유는 무엇일까?" 단순히 "위기가 왔다"가 아니라, 왜 우리에게 더 큰 영향을 주는가를 분석하는 단계이다. GPT는 아래와 같은 분석을 수행할 수 있다.

| 관점 | 예시 분석 |
|---|---|
| 구조적 | 공급망 집중 구조 → 공급 불안정 시 리스크 증가 |
| 전략적 | 기존 매출의 80%가 한 산업에 집중 → 외부 변화에 민감 |
| 문화적 | 위기 대응 프로토콜 부재, 조직의 민첩성 부족 |
| 정보/데이터 | 실시간 시장 감지 능력 부족, 대응 판단 지연 |

이 단계에서는 GPT가 위험요인을 진단하고, 기존 전략의 맹점을 논리적으로 분석할 수 있도록 유도한다.

**P**(Plan): 실현 가능한 대응 전략 시나리오를 디자인한다

"위기 상황에 대응하기 위한 전략 시나리오 2~3가지를 리스크 크기, 실행 용이성, 효과 범위 등을 고려해 디자인해줘." 이 단계에서는 GPT에게 다음과 같은 전략 프레임으로 시나리오 디자인을 요청할 수 있다.

| 시나리오 유형 | 전략 방향 예시 |
|---|---|
| 보수형 | 비용 절감 + 비핵심 사업 정리 + 내부 효율화 |
| 대응형 | 주요 시장 대응 + 가격 전략 조정 + 고객 방어 캠페인 |
| 기회형 | 리스크를 역이용해 새로운 사업 진출 + M&A 등 공격 전략 |

GPT는 시나리오별 장단점, 조직 자원 적합도, 우선 실행 항목 등을 정리해 줄 수 있다. 또한, 각 시나리오에 대해 대응조직, 의사결정 타임라인, 핵심 KPI까지 제안 가능하다.

**R**(Result): 각 시나리오별 기대 효과와 실행 리스크를 예측한다

"디자인된 각 대응 시나리오가 조직에 미칠 손익 영향, 실행 리스크, 내부 반응을 비교 분석해줘." 이 단계에서는 GPT에게 예측 기반 판단과 실행 리스크 사전 점검을 요청할 수 있다.

손실 감소율, 고객 이탈 방지 효과, 브랜드 이미지 영향, 실행 비용, 실행 속도, 조직 저항 가능성, 전략 미적용 시의 리스크 기회 상실, 경쟁사 대비 열위 등 등에 대해 예측할 수 있다. 특히 GPT는 정량적 추정치가 부족한 경우에도, 정성적 예측 기반으로 실행 판단을 도와줄 수 있다.

**I**(Insight): 위기 속에서 드러난 구조적 문제와 전략 전환 가능성을 도출하라

"이번 위기 상황이 조직에 알려주는 더 근본적인 전략 전환의 기회는 무엇일까?" 위기는 단기 대응만으로 끝나지 않는다. 장기 전략을 재디자인할 '전환점'이 될 수 있다.

GPT에게 다음과 같은 통찰 요청이 가능하다. 기존 비즈니스 모델의 한계 노출 → 사업 포트폴리오 조정 필요, 위기 대응 속도 → 조직 민첩성Agility 강화 요구, 디지털/AI 기반 시장 감지 체계 필요, "선방 전략"이 아닌 "선제 전략" 체계 설계 등의 답변을 이끌어 낼 수 있다. 이 단계는 위기를 넘는 것이 아니라, 위기를 통해 진화하는 방향을 디자인하는 데 핵심이다.

## 📝 요약 정리

| FTP-RI 단계 | 질문 목적 | 설명 |
|---|---|---|
| F(Fact) | 현재 제도와 문제 요소 정리 | 제도의 구조와 구성원 인식 진단 |
| T(Think) | 성과-평가 괴리 원인 분석 | 실행 구조/신뢰 구조 분석 |
| P(Plan) | 성과 + 몰입을 유도할 새 제도 디자인 | 피드백 중심, OKR 기반, 성장 연계 구조 |
| R(Result) | 제도 변화 시 예상 반응과 성과 예측 | 시뮬레이션 기반 리스크와 기대 정리 |
| I(Insight) | 평가의 본질적 목적 재해석 | 성장 중심 조직문화로의 확장 가능성 탐색 |

FTP-RI 기법은 위기 대응 전략 수립시 경영전략실, CEO/임원 워크숍 보고서 프레임 구성에 적합하다. 또한 리스크 대응 전략 보고서 작성, GPT와 시나리오 디자인 및 리스크 시뮬레이션 실습, 위기 대응 TF 회의에서 의사결정 흐름 디자인 도구로 활용되며, 비즈니스 모델 전환BM Pivot 전략의 출발점으로 사용된다.

## [사례2] 조직문화·HR·리더십 주제

### 1. 사내 갈등 진단 및 해소 전략
– 갈등을 문제로 보지 말고, 성장을 위한 신호로 본다

WHY

WHAT

HOW

GROW

상황 정보: 조직 안의 갈등은 문제가 아니라 '무언가 작동하지 않는 신호'일 수 있다. 문제는 갈등 그 자체가 아니라, 그 갈등을 무시하거나 방치하는 태도에 있다. 다음과 같은 상황이 반복된다면, 지금은 갈등을 진단하고 전략적으로 접근해야 한다.

- "팀 간 협업 회의만 하면 분위기가 냉랭해져요. 서로 말은 안 하지만 감정의 골이 깊어요."
- "리더는 지시했다고 하는데, 구성원은 전혀 들은 적이 없다고 해요. 서로 신뢰가 많이 무너진 것 같아요."
- "MZ세대 직원들은 왜 이걸 해야 하는지 납득되지 않으면 그냥 말 없이 빠집니다. 윗세대는 이해를 못 하죠."
- "성과는 나쁘지 않은데, 조직 분위기는 점점 가라앉고 있어요. '요즘 회사 분위기 예전 같지 않다'는 말이 자주 나와요."
- "회의 때 아무도 말을 안 해요. 불편한 얘기를 꺼내면 괜히 찍히는 분위기라서요."

이러한 상황에서는 단순한 중재나 회피가 아닌, 조직 차원의 진단과 전략 설계가 필요하며, FTP-RI 질문 구조는 그 과정을 체계적으로 지원해준다.

FTP-RI 질문 디자인 흐름

**F**(Fact): 조직 내 갈등 관련 데이터와 이슈를 객관적으로 수집한다

"최근 6개월간 사내 갈등과 관련된 주요 사례, 이직 사유, HR 설문 데이터를 정리해줘." 갈등은 감정으로 느껴지지만, 해결은 사실 기반 분석에서 시작되어야 한다. GPT에게 아래 데이터를 기반으로 정리해달라고 요청할 수 있다.

- "팀 간 협업 회의만 하면 분위기가 냉랭해져요. 서로 말은 안 하지만 감정의 골이 깊어요."
- "리더는 지시했다고 하는데, 구성원은 전혀 들은 적이 없다고 해요. 서로 신뢰가 많이 무너진 것 같아요."
- "MZ세대 직원들은 왜 이걸 해야 하는지 납득되지 않으면 그냥 말 없이 빠집니다. 윗세대는 이해를 못 하죠."
- "성과는 나쁘지 않은데, 조직 분위기는 점점 가라앉고 있어요. '요즘 회사 분위기 예전 같지 않다'는 말이 자주 나와요."
- "회의 때 아무도 말을 안 해요. 불편한 얘기를 꺼내면 괜히 찍히는 분위기라서요."

감정적 인식이 아닌, 정량+정성 데이터 기반의 진단이 핵심이다.

**T**(Think): 갈등의 본질적인 원인을 구조적으로 분석한다

"이러한 갈등의 근본 원인은 무엇인가? 구조적, 심리적, 관계적 측면에서 분석해줘." 표면에 드러난 갈등은 '결과'일 뿐이며, 진짜 원인은 훨씬 깊은 곳

에 있다. GPT는 다음 세 가지 측면에서 갈등 원인을 분해할 수 있다.

| 요인 | 예시 |
|---|---|
| 구조적 요인 | 불분명한 역할과 책임, 목표 충돌, KPI 상충, 불공정 인사 구조 |
| 심리적 요인 | 정서적 피로, 인정 욕구 충족 실패, 심리적 안전감 결여 |
| 관계적 요인 | 리더의 일방적 소통, 세대 간 관점 차이, 피드백 부재 |

이 단계에서는 GPT에게 갈등의 '보이지 않는 층위'를 진단하도록 유도하는 것이 중요하다.

**P**(Plan): 실질적인 갈등 조율 전략을 3단계로 디자인한다

"사내 갈등을 해결하기 위한 개입 전략을 3단계로 디자인해줘. 대화 기법, 조직개발 방식, 리더십 개입 방법 등을 포함해줘." 갈등 해결은 단발성 활동이 아닌 단계적 개입 설계가 필요하다. GPT는 다음과 같은 계획을 제시할 수 있다.

- 1단계: 갈등 인식 활성화 및 대화 훈련
  - 비난 없는 피드백 기술 교육, 감정 분리 훈련
- 2단계: 중재 구조 및 피드백 루틴 설정
  - 주기적인 1:1 대화, 상호 피드백 문화 제도화
- 3단계: 조직개발OD 활동 통한 팀 리빌딩
  - 협업 게임, 팀 가치 정립 워크숍, 리더-팀원 인터뷰

전략은 행동 가능성 + 심리 수용성 두 가지를 모두 고려해야 한다.

**R**(Result): 개입 전략에 따른 반응과 변화 가능성을 예측한다

"제안한 전략을 적용했을 때 구성원들의 반응과 신뢰 회복 가능성은 어떻게 예측할 수 있을까?" 실행 전략은 그 실효성, 저항 가능성, 정서적 반응까지 예측되어야 한다. GPT는 다음과 같은 항목을 분석해줄 수 있다.

- 긍정적 효과: 갈등 감소, 피드백 증가, 신뢰도 향상
- 단기 저항: 변화 피로, 형식적 참여, 리더 반발
- 정서적 반응: 불안감 → 기대 → 점진적 수용
- 정량 예측: 직원 만족도 + 신뢰도 지수 개선 가능성

이 단계에서 GPT는 실행 후의 조직 반응을 시뮬레이션하여 현실성을 높여준다.

**I**(Insight): 갈등을 통해 조직이 성장할 수 있는 방향을 도출한다

"이번 갈등 상황이 조직에 던지는 더 본질적인 메시지나, 우리가 변화해야 할 방향은 무엇일까?" 갈등은 단순히 해소해야 할 문제가 아니라, 조직이 진화할 수 있는 기회이기도 하다. GPT에게 다음과 같은 통찰을 요청할 수 있다.

- "우리 조직은 문제 회피 문화보다 문제 공유 문화를 키워야 한다."
- "갈등을 해결할 리더가 아니라, 갈등을 다루는 시스템이 필요하다."
- "신뢰 기반 피드백 구조는 선택이 아닌 필수다."

- "세대 간 차이를 이해할 공감 교육과 대화 문화를 디자인해야 한다."

이 단계는 갈등이라는 현상을 넘어, 조직의 근본적 체질 개선 방향을 디자인하는 사고 확장 단계다.

WHY

WHAT

HOW

GROW

### 요약 정리

| FTP-RI 단계 | 질문 목적 | 설명 |
| --- | --- | --- |
| F(Fact) | 갈등 관련 이슈 및 데이터 수집 | 이직 사유, 설문 결과, 조직 진단 자료 기반 정리 |
| T(Think) | 갈등의 구조적 원인 분석 | 구조·심리·관계 요인으로 분해 |
| P(Plan) | 실질적 개입 전략 디자인 | 교육, 루틴, 조직개발 프로그램 설계 |
| R(Result) | 실행 반응과 신뢰 회복 가능성 예측 | 시뮬레이션을 통한 변화 가능성 분석 |
| I(Insight) | 갈등을 성장 기회로 전환 | 신뢰 기반 문화, 수평적 대화, 조직학습 구조 도출 |

FTP-RI 기법은 GPT를 활용한 갈등 진단 대화 시나리오 디자인, 조직문화 컨설팅 보고서 작성 시 진단 → 원인 → 전략 → 통찰 흐름 적용하기 용이하며, 리더십 워크숍에서 갈등 해소 리더십 실습용 템플릿으로 활용하거나 HR 담당자의 갈등 대응 가이드라인 매뉴얼 작성에도 유용하게 사용된다.

## 2 리더십 피드백 문화 구축
### – 피드백 문화를 만드는 질문 디자인

상황 정보: 성과가 정체되고, 몰입이 약해지는 조직에는 대부분 '피드백의 부재'가 있다. 문제는 피드백이 없거나, 있어도 방향이 잘못되어 있다는 점이다. 다음과 같은 이야기가 조직 안에서 자주 들린다면, 지금은 피드백 문화를 처음부터 다시 설계할 시점이다.

- "팀장님이 피드백을 주긴 하는데, 거의 '지시'에 가까워요. 말해도 다 정해진 거죠."
- "피드백이 아니라 지적 같아요. 솔직히 듣는 게 부담스러워서 피하려고만 하게 돼요."
- "대부분 '잘했어' 한 마디로 끝나요. 뭘 잘했는지, 어떻게 더 잘할 수 있는지는 모르겠어요."
- "우리는 위에서 아래로만 말이 흐르죠. 구성원이 리더에게 피드백을 줄 수 있는 분위기는 전혀 없어요."
- "실수하거나 결과가 안 좋으면 조용히 찍히는 분위기예요. 피드백이 아니라 '경고'처럼 느껴집니다."

피드백은 단순한 평가가 아니라, 학습과 신뢰의 토대이다. FTP-RI 기법을 기반으로 GPT와 함께 피드백 문화를 재디자인하면, 리더십 방식의 전환 → 실행력 회복 → 몰입 문화 조성으로 이어질 수 있다.

### FTP-RI 질문 디자인 흐름

**F**(Fact): 현재 피드백 방식과 구성원의 반응을 진단한다

"우리 조직의 피드백 운영 방식, 리더들의 피드백 스타일, 구성원의 피드백 만족도 및 반응을 정리해줘." 조직 내 피드백 실태를 파악할 때는 다음 세 가지 정보를 수집하는 것이 중요하다.

WHY
·
WHAT
·
HOW
·
GROW

- 피드백 제공 방식: 주기, 대상, 문서화 여부, 정례화 여부
- 리더 스타일: 일방적 지시형인지, 수용적 코칭형인지
- 구성원 반응: 피드백 신뢰도, 심리적 안전감, 개선 행동 여부

GPT는 HR 설문 데이터, 면담 기록, 팀별 분위기 리포트를 요약해줄 수 있다. 이 단계는 구조제도와 인식문화의 괴리를 드러내는 진단 단계이다.

**T**(Think): 리더가 피드백을 주고받기 어려운 이유를 분석한다

"우리 조직의 리더들이 피드백을 자주 하지 못하거나, 구성원과의 소통이 단절되는 이유는 무엇일까?" 피드백 문화가 형성되지 않는 이유는 대부분 복합적인 심리적·제도적 요인 때문이다. GPT에게 다음과 같은 관점에서 분석을 요청할 수 있다.

| 요인 | 예시 |
| --- | --- |
| 심리적 요인 | 피드백에 대한 부담감, 관계 훼손에 대한 두려움 |
| 역량 부족 | 구체적/건설적 피드백 제공 기술 미흡 |
| 문화 요인 | 위계 중심, 권위주의적 커뮤니케이션 문화 |
| 시간적 요인 | 피드백을 위한 시간, 구조, 우선순위 부족 |

3부 | 어떻게 질문을 다듬고 확장할 것인가?

이 단계에서 GPT는 표면적 문제를 넘어서, 리더의 인식·행동 패턴을 구조적으로 분석해줄 수 있다.

**P**(Plan): 수용 기반 피드백 문화로의 전환 전략을 디자인한다

"리더와 구성원이 서로 주고받을 수 있는 수용 기반 피드백 문화를 만들기 위해, 실천 가능한 전략 3가지를 제안해줘." 피드백은 일회성 활동이 아니라 관계 속에 내재된 루틴으로 정착되어야 한다. GPT는 다음과 같은 전략을 제시할 수 있다.

- 상호 피드백 루틴 제도화
  - 정기적인 1:1 미팅에서 리더·구성원 간 교차 피드백 포함
- 피드백 템플릿 및 질문 카드 제공
  - "무엇이 도움이 되었나요?", "앞으로 어떻게 개선해볼까요?" 같은 가이드 제공
- 리더 대상 피드백 코칭 교육 운영
  - 감정 분리, 구체적 언어 사용, 성장 중심 프레임 학습
- '피드백 문화 지표' 조직 차원 도입
  - 팀 단위로 피드백 빈도, 질, 신뢰도 등을 측정·공유

GPT는 조직 규모나 특성에 맞춰, 실현 가능한 단계별 전략을 구체적으로 디자인해줄 수 있다.

**R**(Result): 새로운 피드백 문화를 도입했을 때의 기대 효과와 저항을 예측한다

"피드백 문화가 제도화되었을 때 기대되는 변화와 함께 예상되는 내부 저항 요인을 예측해줘." 피드백 문화 정착에는 다음과 같은 변화와 저항이 동시에 나타날 수 있다.

- 긍정적 변화
  - 팀 내 신뢰도 상승, 피드백 주고받는 빈도 증가, 업무 실행력 개선
  - 구성원의 자발적 학습과 문제 해결력 강화
- 저항 요인
  - 리더의 불편감, "관리 강화"라는 오해, 형식적 운영 우려
  - 일부 구성원의 방어적 반응, 익숙하지 않은 대화 방식에 대한 저항

GPT는 이러한 반응을 바탕으로 도입 초기 리스크 완화 전략도 제시할 수 있다. 파일럿 팀 운영, 피드백 성공 사례 공유 등에 활용된다.

**I**(Insight): 리더십의 본질적 전환 가능성을 통찰한다

"피드백 문화를 도입하며 우리가 발견할 수 있는 리더십의 본질적 변화 가능성은 무엇일까?" 피드백은 단지 커뮤니케이션 도구가 아니라, 리더십의 정체성을 바꾸는 계기가 될 수 있다. GPT는 다음과 같은 통찰을 제공할 수 있다.

- "관리자에서 코치형 리더로의 전환은 지금 시대의 필수이다."

- "리더는 정답을 주는 존재가 아니라, 성장을 유도하는 질문자가 되어야 한다."
- "심리적 안전감이 업무 속도보다 더 중요한 조직의 자산이 되고 있다."
- "리더가 먼저 피드백을 받는 사람이 될 때, 진짜 소통이 시작된다."

이 단계는 리더십 교육과 조직문화 혁신의 비전 제안에 중요한 메시지를 도출할 수 있는 부분이다.

---

### 요약 정리

| FTP-RI 단계 | 질문 목적 | 설명 |
|---|---|---|
| F(Fact) | 현재 피드백 구조 및 반응 진단 | 제도+리더 스타일+구성원 인식 파악 |
| T(Think) | 피드백이 어려운 원인 분석 | 심리/역량/문화/시간 요인 분석 |
| P(Plan) | 수용 기반 피드백 전략 디자인 | 실천 루틴 + 제도 + 교육 구성 |
| R(Result) | 기대 효과와 저항 예측 | 변화 시나리오 + 리스크 시뮬레이션 |
| I(Insight) | 리더십 역할의 본질적 전환 통찰 | 관리자 → 코치형 리더로의 방향 제시 |

FTP-RI 기법은 리더십 피드백 문화 구축 분야에 있어서, GPT 기반 리더십 피드백 진단 템플릿 구성, 리더 대상 실습형 교육 디자인피드백 카드 활용, GPT 모의대화 등에 사용된다. 조직문화 진단 리포트의 '신뢰 커뮤니케이션' 항목 구성과 GPT와 협업하여 피드백 예시 문장 작성, 팀 피드백 회의 시나리오 생성 등의 실전에 적용할 수 있다.

# 3 MZ세대 조직 몰입도 향상
### – 이탈이 아니라 연결로, 세대 공감의 방법을 찾는 질문 디자인

**상황 정보:** MZ세대는 이제 조직 안에서 '중심 세대'가 되었다. 그들은 디지털 감수성, 개인 주도성, 성장에 대한 갈망, 수평적 가치를 지닌 세대로, 기존 방식으로는 더 이상 이들을 온전히 붙잡을 수 없다. 다음과 같은 이야기들이 조직 안에서 반복되고 있다면, MZ세대와 연결되는 질문 디자인이 필요하다.

WHY
·
WHAT
·
HOW
·
GROW

- "요즘 신입사원들, 입사한 지 1년 안 돼서 퇴사하는 비율이 너무 높아요."
- "교육도 하고 피드백도 하는데, 다 '일방적이다' '도움이 안 된다'고 해요."
- "내가 왜 이 일을 하는지 모르겠다, 이 일이 나와 무슨 상관인지 모르겠다는 말을 자주 들어요."
- "우리는 나름 수평적이라고 생각했는데, MZ 입장에선 여전히 권위적인 분위기라고 하더라고요."
- "보고할 때도 톡으로 간단히 하면 될 걸, 여전히 문서 포맷이 중요하고 절차가 복잡하다는 불만이 많아요."

MZ 구성원이 몰입하지 못하는 이유는 '그들의 문제'가 아니라 조직이 '변화된 세대의 감수성'을 충분히 반영하지 못하고 있기 때문이다. 이제 조직은 '몰입을 디자인하는 질문'을 던져야 한다.

## FTP-RI 질문 디자인 흐름

**F**(Fact): MZ 구성원 이직률, 만족도, 피드백 데이터를 수집한다

"최근 1~3년간 MZ세대 구성원의 이직률, 업무 만족도 조사 결과, 피드백 설문 데이터를 요약해줘." 몰입도 저하와 이탈 현상은 대부분 데이터로 드러나는 신호를 가지고 있다. GPT에게 요청할 수 있는 주요 항목은 다음과 같다.

- 연령대별 이직률 비교특히 입사 2년 미만 구성원
- 교육/보상/피드백/리더십에 대한 세대별 만족도 지표
- 자주 언급되는 불만 키워드: "소통 부족", "피드백 없음", "의미 없음" 등
- 연차/직군/성별에 따른 몰입도 차이

이 단계는 '몰입 저하'라는 막연한 인식을 팩트 기반 인사이트로 구체화하는 과정이다.

**T**(Think): MZ 구성원의 몰입을 방해하는 요인과 기존 제도의 한계를 분석한다

"조직 내 MZ세대의 몰입을 방해하는 요인은 무엇일까? 기존 제도는 어떤 점에서 이들의 특성을 반영하지 못하고 있나?" MZ세대는 단지 보상이나 안정성보다 성장 경험, 인정, 주도성, 의미에 강하게 반응한다. GPT는 다음과 같은 구조적 요인을 분석할 수 있다.

| 방해 요인 | 설명 |
|---|---|
| 수직적 문화 | 의견 개진 기회 부족, 위계 중심 의사결정 |
| 정형화된 경력 경로 | 창의적 프로젝트나 자기주도 학습 기회 부족 |
| 형식적 피드백 제도 | 실행 연결 없는 1년에 한 번 피드백 |
| 보상 기준 불투명 | 노력과 보상의 연결 부족 |
| 공감 부재 | 리더십이 세대 특성을 이해하지 못함 |

GPT는 기존 제도의 '왜 잘 작동하지 않는가'를 제도적/문화적 관점에서 해석해줄 수 있다.

**P**(Plan): MZ 특성에 맞춘 성장·참여·보상 전략을 디자인한다

"MZ 구성원의 몰입과 성장을 촉진하기 위해, 개인화된 성장 기회, 참여형 조직문화, 투명한 보상 전략을 포함한 실행안을 디자인해줘." MZ세대는 '형식적 복지'보다 자기 선택권이 반영된 성장과 공감 기반 소통을 중시한다. GPT는 다음과 같은 전략을 디자인할 수 있다.

- 성장 전략
  - 프로젝트 기반 학습, 자기주도 학습 플랫폼, 직무 전환 기회
- 참여 전략
  - 타운홀 미팅, 사내 공론장, MZ주도 사내 활동 기획
- 보상 전략
  - 성과+태도 기반의 유연한 보상 설계, 즉각적 피드백 반영, 인정 기반 보상 확대

특히 GPT는 기업 특성산업/규모/직무군에 맞는 전문화된 몰입 전략을 제안해줄 수 있다.

**R**(Result): 전략 적용 시 예상되는 문화적·성과적 변화를 예측한다
"이러한 전략을 실행하면 어떤 조직문화 변화와 성과 향상이 기대될까?" GPT는 전략 실행에 따른 문화 변화 + 성과 변화 시뮬레이션을 제안해줄 수 있다.

- 정서적 몰입도 향상 → 구성원 이직률 감소
- 자발적 피드백과 협업 증가 → 조직 신뢰 지수 향상
- 참여와 인정 기반 강화 → 업무 몰입도와 실행력 증가
- 개인 성장 가시화 → 내부 전환율, 내부 공모 참여율 증가

이 단계는 정책적 타당성과 함께 조직 내 수용도·성과 예측을 판단하는 데 핵심이 된다.

**I**(Insight): 세대 통합형 조직문화 혁신 방향을 도출한다
"MZ세대와 다른 세대가 공존하며 몰입할 수 있는 조직문화 혁신의 본질적 방향은 무엇일까?" 단지 'MZ 맞춤'이 아닌, 모든 세대가 함께 몰입하고 성장하는 조직문화 디자인이 중요하다. GPT는 아래와 같은 통찰을 제시할 수 있다.

- "MZ를 위한 전략이 아닌, 세대 감수성 기반의 공감 조직이 필요하다."
- "세대 간 차이를 인정하는 것이 아니라, 대화로 연결하는 구조 설계가 중

요하다."
- "몰입은 명령이 아니라 디자인의 결과물이다."
- "수평 구조, 의미 기반 과업 설계, 실시간 피드백이 기본이 되는 조직이 미래형이다."

WHY
·
WHAT
·
HOW
·
GROW

이 단계는 조직문화 차원에서 세대 간 신뢰·소통·공감의 구조적 가능성을 탐색하는 사고 확장 단계이다.

## 📝 요약 정리

| FTP-RI 단계 | 질문 목적 | 설명 |
|---|---|---|
| F(Fact) | MZ 이탈 및 만족도 진단 | 정량+정성 데이터 기반 몰입 현황 파악 |
| T(Think) | 몰입 저하 원인 분석 | 문화/제도/인식 차원에서 제도 한계 진단 |
| P(Plan) | 맞춤형 성장·참여·보상 전략 설계 | 세대 특성과 조직 현실을 연결한 전략 구성 |
| R(Result) | 실행 시 변화 예측 | 조직문화, 성과, 정서적 반응 예측 |
| I(Insight) | 세대 통합형 조직문화 방향 제시 | 공감 기반 신뢰 문화, 수평적 소통구조 설계 통찰 |

FTP-RI 기법은 MZ세대 조직 몰입도 향상에 있어서, GPT 기반 MZ 몰입 진단 인터뷰 프레임워크 구성, 조직문화팀/HR팀의 세대별 몰입 전략 보고서 작성에 적합하다. 또한 리더십 워크숍에서 세대 감수성 기반 리더십 설계 실습과 GPT 실습용 질문으로 "세대 통합형 조직" 질문 디자인에도 활용된다.

## [사례3] 비즈니스 & 시장 대응 과제

### 1 신사업 아이디어 검토 및 실행 전략 수립
– 신사업을 구조화하는 질문 디자인

상황 정보: 신사업은 아이디어만으로는 절대 성공하지 않는다. 중요한 건 '무엇을 할 것인가'가 아니라, 그 아이디어를 어떻게 검토하고 구조화할 것인가이다. 다음과 같은 상황이라면, 신사업 전략 설계는 '선택'이 아닌 '필수'가 된다.

- "기존 사업 매출이 정체돼 있는데, 새로운 성장 동력을 찾지 못하고 있어요."
- "경쟁사가 먼저 신규 시장에 들어갔어요. 우리는 아직 아이디어만 있는 수준이에요."
- "기술도 있고, 인력도 있고, 내부 자원도 충분한데… 정작 무엇부터 실행할지 정리가 안 돼요."
- "아이디어는 괜찮은데, 시장성 검토나 수익성 분석이 제대로 안 돼서 보고서 단계에서 멈춰 있어요."
- "팀원들은 신사업 얘기만 나오면 피로감을 느껴요. 뭘 하자는 건지, 왜 해야 하는 건지 모르겠대요."

FTP-RI 기반 질문 디자인를 활용하면, 불확실성을 분해하고 실행력을 갖춘 신사업 전략을 GPT와 함께 도출할 수 있다.

### FTP-RI 질문 디자인 흐름

**F**(Fact): 시장 규모, 경쟁사 동향, 내부 자원 역량을 분석한다

"신사업 아이디어와 관련된 시장 규모, 유사 경쟁사들의 진입 현황, 우리 조직의 내부 기술·자원 역량을 요약해줘." 모든 사업 검토는 먼저 사실 기반의 외부-내부 환경 진단에서 출발해야 한다. GPT는 다음과 같은 항목을 구조화해서 정리해줄 수 있다.

WHY
·
WHAT
·
HOW
·
GROW

- 시장 데이터: 시장 규모, 연평균 성장률CAGR, 주요 고객군
- 경쟁사 분석: 주요 경쟁사, 사업 모델, 강점/약점
- 내부 자원 분석: 기술 보유 현황, 인력 구성, 자본 여력, 브랜드 신뢰도

이 단계는 신사업 아이디어를 전략적 맥락 속에 위치시켜 주는 팩트 기반 진단 단계이다.

**T**(Think): 아이디어의 시장 적합성과 잠재 리스크를 분석한다

"해당 신사업 아이디어가 시장에 적합한 이유는 무엇이고, 성공을 방해할 수 있는 리스크는 어떤 것이 있을까?" 좋은 아이디어는 많지만, 시장에 맞는 타이밍과 진입 논리가 없으면 실패한다. GPT는 아래와 같은 구조로 분석을 지원할 수 있다.

| 항목 | 분석 내용 예시 |
| --- | --- |
| 시장 적합성 | 현재 고객 니즈와의 부합도, 기존 제품/서비스와의 연결성 |
| 기술 적합성 | 우리가 가진 기술이나 자산과의 연계성 |

| 사업성 리스크 | 초기 진입비용, 고객 확보 비용, 수익 전환 구조 |
|---|---|
| 운영 리스크 | 팀 역량, 인프라 부족, 파트너 부재 |

이 단계는 '기회'를 바라보는 관점과 '한계'를 인식하는 분석을 균형 있게 구성하는 것이 핵심이다.

**P**(Plan): MVP → 시장 테스트 → 확장 전략의 단계별 실행안을 디자인한다
"이 아이디어를 실현하기 위한 MVP<sub>Minimum Viable Product</sub> 기준을 설정하고, 고객 반응 테스트 계획 및 향후 확장 전략을 제시해줘." 실행 전략은 아이디어를 작게 실험하고 점진적으로 확장하는 접근 방식이 중요하다. GPT는 다음과 같은 3단계 전략을 제안할 수 있다.

- MVP 설계
    - 최소 기능/제품 조합 정의예: 핵심 기능만 탑재한 베타 서비스
- 시장 반응 테스트
    - 타깃 고객군 정의 → 채널 선정 → 테스트 시나리오 설계
    - 고객 피드백 루프 설계예: NPS, VOC 수집
- 확장 전략
    - 초기 시장 반응 기반 서비스 고도화
    - 마케팅/세일즈 채널 확대
    - 수익모델 정교화 및 B2B 연계 방안

GPT는 산업별·고객군별 실행 구조까지 커스터마이즈 가능하다.

**R**(Result): 시장 반응, 수익성, 확장성 예측을 통해 실행 타당성을 검증한다

"이 전략을 실행했을 때의 기대 매출, 고객 반응, 수익성 구조, 확장 가능성을 예측해줘." 이 단계는 전략이 실제로 비즈니스 효과를 만들어낼 수 있는가를 예측하는 분석이다. GPT는 다음과 같은 결과 예측을 제시할 수 있다.

- 고객 확보 예상 수치, 초기 전환율Conversion Rate 재구매율
- 평균 수익ARPU, 손익분기점BEP 도달 예상 시점
- 향후 확장 대상 시장, 연계 가능 상품/서비스군
- 수익성 시뮬레이션 예시예: 월 기준 사용자 수 × 단가 × 유지율

실제 사업화로 이어질 수 있는 구체적 수치 기반의 실행력 예측이 가능하다.

**I**(Insight): 미래 산업 트렌드 속에서의 융합 기회나 장기적 확장 가능성을 도출한다

"이 아이디어가 향후 산업 변화 속에서 어떤 새로운 기회나 융합 확장 가능성을 가질 수 있을까?" GPT는 아이디어의 장기적 가능성, 혹은 다른 영역과의 융합 기회를 통찰적으로 제안할 수 있다.

- ESG 트렌드와의 연결 가능성예: 친환경 솔루션, 지속가능 제품
- AI·IoT·모빌리티 등 기술 융합 방향
- 글로벌 시장 진출 확장 가능성
- 고객 경험 혁신 또는 새로운 수익모델 창출 아이디어

WHY

WHAT

HOW

GROW

이 단계는 단기적인 매출 증대나 성과 지표 개선에 집중하는 수준을 넘어, 조직이 추구해야 할 중장기적 가치와 방향성을 탐색하는 '전략적 진화'의 관점에서 아이디어를 조망하게 해준다. 단기 실행 아이템이 아닌, 조직의 지속 가능성, 사회적 책임, 기술 선도력, 글로벌 확장성, 고객 중심 혁신력을 기반으로 한 미래 비전을 설계하는 것이다.

### 📝 요약 정리

| FTP-RI 단계 | 질문 목적 | 설명 |
|---|---|---|
| F(Fact) | 외부 시장 및 내부 자원 진단 | 시장 규모, 경쟁사, 내부 역량 기반 검토 |
| T(Think) | 시장 적합성과 리스크 분석 | 성공 가능성 + 실패 요인 정리 |
| P(Plan) | MVP 기반 실행 전략 설계 | 단계적 접근 MVP → 테스트 → 확장 |
| R(Result) | 사업 실행 결과 예측 | 고객 반응, 수익성, 확장 가능성 분석 |
| I(Insight) | 장기적 성장 기회 탐색 | 트렌드 연계, 기술 융합, 글로벌 확장 방향 도출 |

FTP-RI 기법은 신사업 아이디어 검토 및 실행 전략 수립에 있어서, GPT 기반 신사업 전략 기획 실습 과제, 스타트업 및 대기업의 내부 제안서 작성 프레임워크 구성에 사용된다. GPT와 함께 시장 조사+실행 전략+수익모델 디자인까지 일괄 시뮬레이션 구현과 신사업 TF 회의 자료, IR 자료 작성 전 사고 흐름 정리에 최적이다.

## 2 디지털 전환(DX) 로드맵 디자인

### – 단계별 전환 전략 수립을 위한 질문 디자인

**상황 정보:** 많은 조직이 디지털 전환을 외치지만, 현실은 단순한 시스템 도입에 그치는 경우가 대부분이다. 진짜 DX는 기술의 문제가 아니라, '일하는 방식'과 '생각의 틀'을 바꾸는 일이다. 아래와 같은 말이 조직 안에서 반복된다면, 이제는 단계별 DX 전략을 '질문'으로부터 설계할 때다.

WHY

WHAT

HOW

GROW

- "업무는 여전히 엑셀 정리하고 출력물 붙잡고 있어요. 시스템은 있는데 잘 안 써요."
- "자동화는 일부 부서만 적용되고, 나머지는 수작업 중심이에요. 부서 간 격차가 너무 커요."
- "시스템이 도입됐는데, 실무자들은 여전히 수기나 별도 툴을 써요. 데이터가 끊겨 있어서요."
- "직원들이 '왜 바꾸는 건지 모르겠다', '더 불편하다'고 합니다. 거부감이 커요."
- "RPA, GPT, 데이터 기반 의사결정… 다 좋은데, 우리 조직은 어디서부터 손대야 할지 모르겠어요."

이때 FTP-RI 기법을 기반으로 GPT와 함께 사고의 흐름을 따라가며 DX 전략을 디자인하면, 기술 중심이 아닌 사람 중심의 실현 가능한 전환 전략을 도출할 수 있다.

## FTP-RI 질문 디자인 흐름

**F**(Fact): 현재 업무 자동화 수준과 시스템 활용 현황을 진단한다

"현재 우리 조직의 업무 자동화 수준, AI/IT 시스템 도입 현황, 실제 활용률과 문제점을 요약해줘." 디지털 전환의 출발은 현실 진단이다. GPT에게 요청할 수 있는 진단 항목은 다음과 같다.

- 자동화 비율: 전체 업무 중 수작업/자동화 업무 비중
- 도입 시스템: ERP, CRM, RPA, GPT, 데이터 분석 도구 등
- 활용 수준: 도입은 되어 있으나 미사용 or 기능 제한 활용
- 구성원 피드백: 시스템 사용 불편, 교육 미흡, 인식 부족 등

이 단계는 "기술이 없는 것인가?"보다 "기술이 있지만 안 쓰는 이유는 무엇인가?"를 찾는 것이 핵심이다.

**T**(Think): 디지털 전환이 어려운 구조적 원인을 분석한다

"우리 조직에서 디지털 전환이 잘 이뤄지지 않는 원인은 무엇일까? 구조·문화·역량 측면에서 분석해줘." DX의 장애물은 단지 기술이 아니라, 사람과 구조에 있다. GPT는 다음의 요인을 분석할 수 있다.

| 요인 | 예시 설명 |
|---|---|
| 구조적 | 분절된 프로세스, 부서 간 데이터 연계 부재 |
| 문화적 | 변화 저항, 디지털 피로감, 학습 회피 |
| 역량적 | 리더십의 디지털 이해 부족, 실무자의 도구 활용 미숙 |
| 관리적 | 도입-운영 간 담당 부서 불일치, 성과 연계 미흡 |

이 단계는 '왜 안 되는가'를 겉이 아닌 시스템 관점에서 파악하는 분석이 필요하다.

**P**(Plan): 단계별 디지털 전환 전략을 디자인한다(파일럿 → 확산 → 고도화)
"우리 조직의 상황에 맞는 디지털 전환 전략을 3단계로 디자인해줘. 파일럿 프로젝트, 전사 확산, 고도화까지 이어지는 흐름으로 정리해줘." DX는 단번에 되는 것이 아니라, 단계적 설계와 실행이 핵심이다. GPT는 다음과 같은 접근을 설계할 수 있다.

- 1단계 - 파일럿
  - 반복 업무 자동화RPA, GPT 기반 회의록 작성, 단순 보고 자동화 등
  - 활용 가능한 팀 선정 + 미니 프로젝트 운영
- 2단계 - 전사 확산
  - 업무 매뉴얼 자동화, 실시간 데이터 기반 보고 체계 디자인
  - AI 도구 교육과 적용 사례 공유, 프로세스 리디자인
- 3단계 - 고도화
  - 의사결정 자동화DSS, 업무 예측 모델 도입, AI 도입 ROI 분석
  - DX 기반 직무 재정의 및 조직 리디자인

GPT는 조직 규모, 산업 특성, 부서 상황에 맞는 전략을 현실적인 언어로 도출해줄 수 있다.

WHY
·
WHAT
·
HOW
·
GROW

**R**(Result): 전환 전략 실행 시 효율성 향상, 인력 변화, 리스크를 예측한다

"디지털 전환을 실행했을 때, 업무 효율성, 인력 구조 변화, 예상 리스크는 어떻게 변화할까?" GPT는 DX 전략 실행 시 다음과 같은 변화를 예측할 수 있다.

- 효율성 지표: 업무 처리 시간 감소, 자동화 범위 증가, 오류율 감소
- 인력 변화: 단순 업무 감소 → 전략/분석 직무 확장, 직무 재설계
- 리스크 요인: 기술 도입 후 사내 혼란, 디지털 격차 확대, 데이터 보안 우려
- 적응 곡선: 실행 초기 피로감 → 학습 후 몰입 증가

이 단계에서는 전략 실행의 현실적 효과와 리스크를 시뮬레이션하는 것이 핵심이다.

**I**(Insight): 디지털 전환이 조직문화에 미치는 본질적 의미와 미래 방향을 통찰한다

"우리 조직이 디지털 전환을 통해 바뀌어야 할 문화적 본질은 무엇이고, 앞으로 어떤 방향으로 나아가야 할까?" DX는 기술 혁신이 아닌, 문화 혁신이다. GPT는 다음과 같은 관점을 제시할 수 있다.

- "데이터 기반 의사결정이 일하는 방식의 기본이 되어야 한다."
- "디지털 도구는 도입이 아니라 일상화되어야 한다."
- "업무는 결과 중심이 아니라 과정의 효율성과 학습 기반으로 재정의되어야 한다."

- "조직은 '관리' 중심에서 '설계+실행' 중심으로 진화해야 한다."

이 단계는 DX를 통해 조직의 정체성, 리더십, 일하는 문화의 방향성을 재정의할 수 있도록 통찰을 도출하는 것이 목적이다.

WHY
·
WHAT
·
HOW
·
GROW

### 📝 요약 정리

| FTP-RI 단계 | 질문 목적 | 설명 |
|---|---|---|
| F(Fact) | 현재 디지털 수준 진단 | 자동화 비율, 시스템 도입 현황, 활용도 조사 |
| T(Think) | 전환 장애 요인 분석 | 구조, 문화, 역량 차원에서 분석 |
| P(Plan) | 단계별 DX 전략 디자인 | 파일럿 → 확산 → 고도화 흐름 구성 |
| R(Result) | 실행 효과 및 리스크 예측 | 효율성, 인력 변화, 적응 곡선 예측 |
| I(Insight) | DX의 문화적 의미 및 미래 방향 | 기술 중심에서 문화 중심으로의 패러다임 전환 통찰 |

FTP-RI 기법은 디지털 전환DX 로드맵 디자인에 있어서, GPT와 함께 조직 DX 전략 시나리오 디자인 실습, DX 기획서 및 리더십 보고서 작성 시 질문 기반 로드맵 디자인 프레임으로 활용된다. 특히 업무 자동화 추진 시 GPT 기반 사전 진단 및 우선순위 디자인와 GPT로 DX 성숙도 진단 + 대응 전략 자동 작성 툴킷 개발이 가능하다.

## 3 고객 가치 제안(Value Proposition) 재정의
### – 고객의 마음을 얻는 질문 디자인

상황 정보: 제품이 좋다고 해서 팔리는 시대는 끝났다. 고객은 제품이 아니라 '이걸 왜 선택해야 하는지'에 반응한다. 차별화된 가치 제안이 약하거나 고객 관점이 빠져 있다면, 아무리 뛰어난 기술과 기능도 마케팅의 소음 속에 묻혀버린다. 다음과 같은 이야기가 나오고 있다면, 지금은 가치를 묻고, 다시 설계할 질문이 필요한 시점이다.

- "우리 제품은 품질도 좋고 기능도 뛰어난데, 이상하게 고객 반응이 없어요."
- "첫 구매는 좀 있는데, 재구매율이 너무 낮습니다. 고객이 왜 떠나는지 잘 모르겠어요."
- "제품 메시지가 '우리의 장점'을 말하긴 하는데, 고객 입장에서는 별로 와닿지 않는 것 같아요."
- "경쟁사 제품은 스펙은 별론데, 고객 후기가 계속 올라와요. 우리는 감성적인 공감이 부족한 듯해요."
- "우리는 기능 설명에 집중하는데, 고객은 '내 문제를 어떻게 해결해주느냐'를 듣고 싶어 하더라고요."

FTP-RI 기반 질문 구조를 활용하면, 기능 중심 사고에서 벗어나 고객 중심 가치로 전환할 수 있다.

## FTP-RI 질문 디자인 흐름

**F**(Fact): 고객 피드백, 사용 패턴, 경쟁사 제공 가치를 수집한다

"고객의 최근 피드백, 제품 사용 방식, 경쟁사 제품이 제공하는 가치 포인트를 분석해줘." 가치 제안 재정의는 고객의 언어와 행동에서 출발해야 한다. GPT는 다음과 같은 정보를 구조화해줄 수 있다.

- 정량 데이터: NPS, 재구매율, 고객 클레임 유형
- 정성 피드백: 리뷰, 인터뷰, 상담 기록에 담긴 '고객의 표현'
- 경쟁사 분석: 핵심 가치 메시지, 브랜딩 방식, 가격/혜택 비교

이 단계는 "우리는 무엇을 제공하고 있고, 고객은 그것을 어떻게 받아들이고 있는가"를 팩트로 정리하는 과정이다.

**T**(Think): 고객이 우리 제품의 핵심 가치를 어떻게 인식하고 있는지 분석한다

"고객은 우리 제품을 어떤 가치로 인식하고 있을까? 기능적 가치 외에 어떤 정서적, 사회적 인식을 가지고 있는지도 분석해줘." GPT는 고객의 인식을 가치 유형별로 구분해 분석할 수 있다.

| 가치 유형 | 예시 인식 |
| --- | --- |
| 기능적 가치 | 빠르다, 간편하다, 품질이 좋다 |
| 정서적 가치 | 나를 배려해주는 느낌이다, 감각적이다, 트렌디하다 |
| 상징적 가치 | 이 제품은 내 정체성을 표현해준다 |
| 경제적 가치 | 가성비가 높다, 혜택이 많다 |

WHY
·
WHAT
·
HOW
·
GROW

제품의 본질과 고객의 인식 사이에 간극이 있다면, 브랜딩과 전달 방식의 혁신이 필요하다는 신호다.

**P**(Plan): 고객 가치 재디자인 전략을 구체화한다(UX, 감성, 혜택 중심)
"고객의 기대와 인식을 반영해, 우리 제품의 가치를 재정의할 전략을 제시해줘. 사용자 경험, 감성적 연결, 혜택 구조 개선 등을 포함해 구체화해줘."
GPT는 다음과 같은 3가지 전략 방향으로 구체적 실행안을 디자인할 수 있다.

- 사용자 경험UX 중심 개선
  - 복잡한 기능 간소화, 직관적 인터페이스, 반응 속도 향상
  - 구매 전-후 경험 디자인예: 언박싱, A/S, 포장
- 정서적 연결 강화
  - 브랜드 스토리텔링, 감각적 디자인, 고객 공감 캠페인
  - 고객의 자율성과 감정을 존중하는 표현 방식
- 혜택 구조 및 보상 설계
  - VIP 멤버십, 구독 기반 할인, 추천 리워드 구조
  - 고객 생애 가치LTV를 높이는 유인 설계

이 전략은 고객이 "이 제품은 내게 의미 있다"라고 느끼도록 디자인하는 것이 핵심이다.

**R**(Result): 가치 제안 변화가 구매 결정에 미치는 영향을 예측한다

"가치 제안을 위와 같이 개선했을 때, 고객의 구매 결정, 충성도, 추천 가능성에 어떤 변화가 있을까?" GPT는 아래와 같은 예측을 제시할 수 있다.

- 가치 인식도 상승 → 구매전환율 + 재구매율 증가
- 정서적 연결 강화 → 충성도·리뷰 작성률 상승
- 혜택 구조 개선 → 고객 추천 유도(리퍼럴 프로그램 등)
- 브랜드 이미지 변화 → 고객군 확장 가능성 증가

이 단계는 가치 재정의가 실제 성과로 어떻게 연결될 수 있는지 시뮬레이션하는 디자인이다.

**I**(Insight): 고객이 진짜 원하는 '보이지 않는 니즈'는 무엇인가?

"고객이 명시적으로 표현하지 않았지만, 우리 제품/서비스를 통해 기대하는 본질적 니즈는 무엇일까?" GPT는 다음과 같은 숨겨진 니즈를 통찰적으로 제안할 수 있다.

- "고객은 단순히 '기능'을 사는 것이 아니라, '나를 이해해주는 경험'을 원한다."
- "소유가 아닌 가치 있는 연결을 경험하고자 한다."
- "자기 효능감, 나다움, 사회적 인정"이라는 감정적 니즈가 내재돼 있다.
- "고객은 때로 '문제 해결'보다 '공감과 응답'을 더 가치 있게 느낀다."

이 단계는 고객의 '말'이 아닌 '마음'을 읽고, 브랜드의 철학과 메시지를 디자인하는 출발점이다.

### 요약 정리

| FTP-RI 단계 | 질문 목적 | 설명 |
| --- | --- | --- |
| F(Fact) | 고객 피드백과 경쟁사 가치 분석 | 행동과 언어 데이터를 수집하고 비교 |
| T(Think) | 고객 인식 분석 | 기능·정서·경제적 관점에서 가치 인식 도출 |
| P(Plan) | 가치 재설계 전략 | UX·감성·보상 중심의 실행 방안 설계 |
| R(Result) | 구매·충성도 변화 예측 | 고객 행동 변화 시나리오 설계 |
| I(Insight) | 보이지 않는 니즈 탐색 | 감정·정체성 기반의 통찰 도출 |

FTP-RI 기법은 고객 가치 제안 Value Proposition에 있어서, 브랜드팀/마케팅팀의 가치 제안 리디자인 워크숍, GPT 기반 고객 인터뷰 요약, 경쟁사 가치 비교 분석 실습에 활용된다. 또한 서비스 기획 시 "우리 제품의 진짜 강점은 무엇인가?" 질문 툴킷 개발이나, 고객 여정 설계, 웹사이트 메시지 개선, 브랜드 캠페인 방향 수립에 활용된다.

## 4. FTP-RI 기법 실습 가이드

질문은 정보를 얻는 도구이자, 사고를 체계화하는 기술이다. 특히 생성형 AI와 협업하는 환경에서는 질문을 디자인하는 방식에 따라 결과의 질이 극명하게 달라진다. 아래의 실습 과정을 따라 하면, 단순한 정보 요청을 넘어 전략적 사고 흐름을 디자인하고, AI의 응답을 분석하는 능력을 키울 수 있다.

WHY
·
WHAT
·
HOW
·
GROW

### 1단계: 하나의 주제를 선정한다

실습의 시작은 '나에게 실제로 필요한 질문'에서 출발해야 한다. 현실적인 과제가 있을수록 AI와의 협업 효과가 커진다.

- 예: 조직문화 개선, 신규 서비스 론칭, 고객 충성도 향상, 리더십 개발, 온보딩 교육 혁신 등
- 회의 준비, 보고서 작성, 전략 기획과 연결된 주제가 특히 유익하다.

### 2단계: 각 단계F-T-P-R-I에 해당하는 질문을 직접 작성해본다

하나의 주제에 대해 아래의 사고 흐름을 따라 다섯 가지 질문을 만든다.

- **Fact:** 현재 상황이나 관련 데이터를 묻는 질문예: "최근 6개월간 이직률 데이터를 알려줘."
- **Think:** 문제의 원인, 배경을 분석하도록 요청하는 질문예: "이직률이 증가한 주요 원인은 무엇일까?"
- **Plan:** 어떤 실행 방안을 취할 수 있는지를 묻는 질문예: "이직률 감소를 위한 실

행 전략 3가지를 제안해줘."
- Result: 그 실행 전략의 효과를 예측해보는 질문 예: "실행했을 경우 기대되는 변화는?"
- Insight: 문제를 새롭게 바라보거나, 간과한 기회를 찾는 질문 예: "우리가 놓친 더 중요한 질문이 있다면?"

## 3단계: AI와의 대화를 통해 각 질문이 어떤 응답을 유도하는지 비교해본다

- 각 질문에 대해 AI의 응답을 받아보고, 구체성, 깊이, 실용성의 측면에서 분석한다.
- 질문이 구체적일수록, AI의 답변도 더 구조화되고 통찰력 있게 나오는 패턴을 체감할 수 있다.
- 동일한 주제라도 질문을 어떻게 구성했는지에 따라 결과가 달라진다는 것을 확인한다.

## 4단계: 질문 간 연결성과 응답의 확장성을 검토한다

- 각 단계별 질문이 논리적으로 연결되어 있는지 확인한다.
- AI의 이전 응답이 다음 질문에 반영될 수 있도록 사고 흐름을 조정한다.
- 질문 간의 흐름이 자연스러울수록 AI의 인식도 좋아지고, 대화의 맥락도 유지된다.

이 기법은 회의 기획, 제안서 초안, 전략 프레임 디자인, 발표자료 구성 등 복잡한 내용을 구조화해야 할 때 강력한 도구가 된다. 처음부터 다섯 가지 질문을 한꺼번에 던지는 것보다, 한 질문씩 순차적으로 던지며 그 응답을 기반으로 다음 질문을 디자인하는 방식이 훨씬 효과적이다. 각 질문에 대한 AI의 응답을 바탕으로 사고의 흐름을 시각화하거나, 팀원과 공유하여 공동 사고의 틀로 발전시킬 수 있다.

질문에도 구조가 있다. 그 구조를 디자인하라. 질문은 무작위로 던지는 것이 아니다. FTP-RI처럼 사고의 단계에 맞춰 구조화된 질문을 디자인할 때, AI와의 대화는 더 깊어지고 전략적 인사이트를 만들어낸다. 사고는 질문을 따라 흐른다. 질문이 단계별로 정리되면, 사고도 정리된다.

## [FTP-RI 실습 워크북]

아래는 독자가 직접 사용할 수 있는 FTP-RI 기반 질문 디자인 워크북 카드 예시이다. 각 주제에 따라 단계별 질문 템플릿을 제공하고, 사용자는 직접 질문을 적어보며 AI와의 실습에 활용할 수 있다.

📋 **주제 입력란** 당신이 다루고자 하는 핵심 과제 또는 관심 주제를 간단히 작성해보세요.
  예: 신규 입사자 온보딩 개선/고객 만족도 향상/사내 커뮤니케이션 활성화

  ✏️ 나의 주제: _____

**F**(Fact) | 정보형 질문  현재 상황, 수치, 배경 정보 등 객관적 사실을 묻는 질문을 구성해보세요.
  ✓ 예시 질문:
   • 최근 6개월간 관련 지표나 수치를 알려줘.
   • 어떤 고객층 또는 부서에서 가장 문제가 두드러지는지 구분해줘.

  ✏️ 나의 질문: _____

**T**(Think) | 분석형 질문  문제의 원인이나 패턴을 진단하고 이유를 분석해보세요.

✓ 예시 질문:
- 현재 상황이 발생한 주요 원인은 무엇일까?
- 조직 구조, 업무 방식, 외부 요인 중 어떤 부분의 영향이 클까?

✏️ 나의 질문: _____

WHY

WHAT

HOW

GROW

**P**(Plan) | 전략형 질문  이 문제를 해결하기 위한 실행 방안을 구성해보세요.

✓ 예시 질문:
- 이 문제를 해결하기 위해 취할 수 있는 3가지 전략은?
- 실행 가능성과 비용을 고려했을 때 가장 현실적인 방안은?

✏️ 나의 질문: _____

**R**(Result) | 예측형 질문  실행 이후 나타날 수 있는 변화를 예측해보세요.

✓ 예시 질문:
- 제안한 전략이 실행될 경우, 3개월 내 어떤 변화가 예상될까?
- 어떤 지표가 개선될 수 있을지 시뮬레이션해줘.

✏️ 나의 질문: _____

**(Insight) | 통찰 도출 질문**  문제의 본질이나 놓친 가능성, 새로운 관점을 도출해보세요.

✓ 예시 질문:
- 기존 접근에서 간과했던 핵심 질문은 무엇이 있을까?
- 이 문제를 완전히 새로운 관점에서 보면 어떤 기회가 있을까?

✎ 나의 질문: _____

💡 활용 가이드
- 이 프롬프트 카드는 실습 노트, 전략 회의, 보고서 기획 단계에서 직접 활용 가능하다.
- 질문을 한 줄씩 적고, 각 단계별로 AI의 답변을 받아 비교해보자.
- 작성한 질문과 AI 응답을 함께 저장하면, 사고의 흐름을 추적하는 협업 자료로도 활용할 수 있다.

질문은 '던지는 것'이 아니라
'디자인하는 것'이다.

**PART 4**

# 질문이 곧 경쟁력이다
### 조직과 개인의 성장 전략

WHY · WHAT · HOW · **GROW**

# 10
# 조직을 움직이는 질문 디자인 전략

WHY

WHAT

HOW

GROW

## 1. 질문은 개인의 사고 도구이자, 조직의 협업 언어다

오늘날 많은 조직의 커뮤니케이션은 여전히 '지시'와 '보고' 중심으로 이루어진다. 상사가 말하고, 구성원은 실행하며, 결과를 보고하는 구조는 단기적인 효율은 낼 수 있을지 몰라도, 장기적인 성장과 창의적인 문제 해결력에는 한계를 가질 수밖에 없다. 이러한 일방향 구조는 창의성을 억제하고, 구성원을 수동적인 역할에 머물게 만든다.

반대로 진짜 성장을 이끄는 조직은 '정답을 주는 조직'이 아니라, '함께 질문하는 조직'이다. 질문은 단순한 커뮤니케이션 도구를 넘어, 사고를 자극하고, 연결하며, 실행의 방향을 설정하는 힘을 갖는다.

누군가 질문을 던지는 순간, 그 자리에서 대화가 시작되고, 협업이 탄생한다. 질문은 아이디어를 불러일으키고, 토론의 장을 만들며, 모든 구성원이 사고에 참여하도록 초대하는 언어다.

특히 AI와 협업하는 시대에는 질문의 힘이 더욱 강력해진다. AI는 사용자가 던지는 질문을 바탕으로 사고하고 응답한다. 즉, 질문이 곧 전략의 시작점이자 사고의 설계도가 되는 것이다. 이때 질문의 수준, 구조, 맥락 설정 능력에 따라 AI가 만들어내는 결과물의 정확도, 창의성, 실행 가능성이 달라진다.

이제는 개인의 문제 해결 능력을 넘어, 조직 전체가 '질문하는 문화'를 갖춰야 할 때이다. 모든 구성원이 질문할 수 있고, 질문을 환영하며, 질문을 공유하는 조직은 팀워크가 강화되고 실행력이 커지며, 무엇보다 사고의 깊이가 달라진다.

질문은 더 이상 개인의 성찰 도구만이 아니다. 그것은 협업의 문을 여는 언어이며, 조직의 변화를 이끄는 핵심 기술이다. 질문하는 방식이 바뀌면, 일하는 방식도, 생각하는 방식도, 조직의 미래도 달라진다.

## 2. 질문이 조직 내 사고의 흐름을 만든다

질문은 조직의 생각을 흩어지지 않게, 그리고 유연하게 연결하는 힘이다. 질문은 단순히 말을 주고받는 커뮤니케이션 수단이 아니다. 잘 디자인된 질문은 조직 내 사고의 방향을 정리하고, 공통의 생각 흐름을 형성하는 도구가 된다.

질문이 많아질수록 구성원들은 문제를 더 깊이 고민하고, 관점을 공유하며, 자신의 의견을 능동적으로 확장해나간다. 질문은 생각을 정지시키지 않고, 계속 움직이게 만드는 사고의 순환 장치다.

무엇보다 질문은 조직 내 사고를 '흩어지지 않게' 만들고, 동시에 '열려 있게' 만든다. 누군가 질문을 던지는 순간, 그 조직 안의 다양한 생각들이 서로 연결되기 시작한다.

질문은 구성원 간의 사고 접점을 형성하고, 사일로Silo를 허물며, 협업의 긴장감을 생산적인 에너지로 전환시킨다. 특히 반복되는 회의, 무의미한 보고 문화가 지배적인 조직일수록, 질문은 그 분위기를 전환시키는 결정적 도구가 된다. 질문이 중심이 되는 조직은 생각이 순환하고, 아이디어가 축적되며, 실행력 있는 논의가 가능해진다.

질문은 단순한 커뮤니케이션을 넘어, 조직의 사고 문화를 바꾸는 강력한 촉진제가 된다. "지금 우리가 놓치고 있는 문제는 무엇인가?" 회의의 시작을 질문으로 열어본다. "이 전략의 성공 확률을 높이려면 무엇을 더 해야 할까?" 보고 대신 질문을 주고받아본다. "이 문제를 전혀 다른 관점에서 보면 어떤 해법이 있을까?" 이처럼 질문을 일상화하는 것이 중요하다.

이러한 질문은 단지 정보를 주고받는 것이 아니라, 사고의 권한을 구성원에게 나누는 방식이다. 질문을 통해 구성원은 "이 문제는 나의 문제다"라는 책임감과 주인의식을 갖게 되고, 조직은 자연스럽게 상향식 실행력과 자발적 몰입을 얻게 된다.

질문이 흐르는 조직은 생각이 움직이고, 생각이 움직이는 조직은 멈추지 않고 앞으로 나아간다.

## 3. 질문 기반 조직 운영, 이렇게 시작하라

질문을 조직 문화로 만들기 위해서는 단순히 좋은 질문 몇 개를 준비하는 수준을 넘어, 조직 내 사고 방식, 리더십, 커뮤니케이션 시스템 전반에 '질문 중심 구조'를 이식해야 한다. 질문이 일시적 도구가 아닌, 조직의 작동 방식으로 내재화되기 위해선 다음의 세 가지 실천 전략이 필요하다.

① **리더가 질문하는 리더십을 실천한다**

리더는 조직의 '질문 문화'를 여는 출발점이다. 기존의 명령 중심 리더십에서 벗어나, 질문으로 사고의 공간을 열어주는 리더십이 요구된다. 정답을 제시하기보다 방향을 함께 탐색하는 질문을 제시해 본다. "왜 그 방식으로 접근했나요?", "다른 대안이 있다면 뭐가 있을까요?"처럼 구성원 스스로 사고하도록 유도해 본다. 질문은 팀원을 존중하는 방식이다. "너의 생각이 중요하다"는 신호이기 때문이다.

② **질문을 팀 커뮤니케이션 구조에 포함시킨다**

질문은 특별한 상황에서만 등장하는 것이 아니다. 일상적인 커뮤니케이션, 회의, 보고, 피드백 안에 질문을 포함시켜야 한다.

- 회의 안건을 명제형이 아닌 '질문형'으로 구성한다. 예: "올해 상반기 마케팅 전략에서 놓친 점은?"
- 주간 업무 보고도 질문형으로 요청한다. 예: "이번 주 업무 중 가장 불확실했던 부분은?"
- 회의 중 팀원들에게 "그 생각을 더 확장하면 어떤 가능성이 있을까?"라고 물어보는 방식도 좋다.

③ **AI와의 협업을 질문 중심으로 디자인한다**

AI는 질문에 반응하는 존재다. 질문의 구조와 수준에 따라 AI의 사고 범위와 응답 품질이 결정된다. 따라서 질문을 잘 디자인하는 능력은 AI와의 협업에서 핵심 역량이다.

전사적으로 'AI에게 질문하는 법'을 학습하고, 공유하고, 실습하자. 팀 과제 분석 시, FTP-RI 구조를 활용해 문제 정의부터 실행 전략, 예측, 통찰까지 단계별 질문을 디자인하자. AI와의 대화를 통해 얻은 인사이트를 회의나 보고에 직접 반영할 수 있어야 한다.

WHY
·
WHAT
·
HOW
·
GROW

## 4. 질문 프레임을 팀에 적용하는 실전 예시

조직 내 회의가 단순한 정보 공유나 상황 보고로만 진행된다면, 팀원들은 수동적 청취자가 되고 사고의 확장 또한 일어나기 어렵다. 문제는 '무엇을 아는가'보다 '어떻게 사고를 흐르게 할 것인가'에 있다. 그래서 필요한 것이 바로 '질문 중심의 회의 구조'이다.

질문은 단순한 커뮤니케이션 도구가 아니다. 질문은 사고를 디자인하고, 방향을 조정하며, 실행 가능성을 만들어낸다. 특히 문제 해결, 전략 수립, 실행 점검 등 복잡한 조직 이슈를 다룰수록 질문의 구조화는 사고를 정리하고 실행을 가능하게 하는 핵심 수단이 된다.

이때 활용할 수 있는 가장 실용적인 구조가 바로 FTP-RI 질문 프레임이다. 이 프레임은 Fact사실, Think분석, Plan계획, Result결과, Insight통찰이라는 다섯 단계로 구성되어 있다. 단순히 질문을 던지는 방식이 아니라, 사고의 흐름에 따라 질문을 정렬해 팀의 문제 해결력을 구조화할 수 있다.

이 구조는 다음과 같은 특징을 갖는다.

- 문제 정의에서 실행 전략까지 자연스러운 사고 확장 유도
- 팀원 각자의 관점을 연결하고 다양한 아이디어를 논리적으로 수렴
- AI와의 협업 대화, 전략 기획 문서, 보고서 프레임워크에도 활용 가능

아래 예시들은 실제 조직 상황에서 자주 발생하는 과제들을 중심으로 FTP-RI 질문 프레임을 적용한 것이다. 각 예시는 회의 안건, 워크숍, 전략 기획 세션, AI 협업 도구 활용 등의 실제 장면에서 직접 사용할 수 있으며, 질문을 통해 사고와 실행을 어떻게 연결할 수 있는지를 보여주는 실전형 질문 디자인 프레임이다.

### 예시 주제 1: 전사 커뮤니케이션 개선 전략 수립 회의

조직 내 커뮤니케이션의 흐름은 곧 업무의 흐름이다. 정보가 잘 흐르지 않으면 협업은 단절되고, 실행력도 떨어진다. 이 회의 주제는 단순히 '소통을 잘하자'는 수준이 아니라, 실제 커뮤니케이션 채널의 사용 현황, 만족도, 정보 누락 빈도 등 정량적 진단 → 원인 분석 → 개선 전략 설계 → 기대 효과 시뮬레이션 → 관점 전환까지 전사적 전략을 디자인하기 위한 질문 프레임이다.

전사 커뮤니케이션 플랫폼이메일, 메신저, 공지시스템 등 진단 시 유용하며, 리더십과 실무진의 커뮤니케이션 방식 격차를 이해하는 데 효과적이다. AI가 문서 작성, 공지 작성 등에서 어느 부분까지 개입할 수 있을지도 탐색이 가능하다.

### FTP-RI 사례

- F(Fact): 최근 사내 공지, 업무 메신저, 주간 회의 등 커뮤니케이션 채널의 활용 현황과 직원 만족도 데이터를 알려줘.

- T(Think): 커뮤니케이션 과정에서 정보 누락이나 혼선이 발생하는 주요 원인은 무엇이라고 분석할 수 있을까?
- P(Plan): 커뮤니케이션 명확성과 소통 효율을 높이기 위한 개선 방안을 채널, 리듬, 포맷 측면에서 정리해보자.
- R(Result): 제안한 개선안이 실행될 경우 정보 전달 정확도, 피드백 응답률, 조직 내 일체감에는 어떤 변화가 생길 수 있을까?
- I(Insight): 우리가 커뮤니케이션을 '정보 전달'로만 인식해온 관점을 넘어서기 위해 어떤 질문을 던질 수 있을까?

WHY
·
WHAT
·
HOW
·
GROW

### 예시 주제 2: 조직 핵심가치 내재화를 위한 팀 워크숍 기획

조직의 핵심가치는 사무실 벽에 붙어 있는 슬로건으로 남기 쉽다. 이 회의 프레임은 가치가 실제 구성원의 언어로 해석되고, 행동으로 이어지는 구조를 만드는 것이 목적이다. '이해'보다 '실천'이 강조되는 구조이며, 교육-피드백-보상의 선순환 구조 디자인까지 이어진다. 마지막 질문인 Insight는 가치 그 자체를 재정의하는 방향으로 사고를 도약시킨다.

리더십 미션, 비전 정립 과정에서 함께 사용 가능하다. 직원 인게이지먼트 조사 후 피드백 디자인 워크숍과 연계하면 효과를 극대화할 수 있으며, 조직문화 담당팀이 구성원 주도적 가치 재정립을 추진할 때 기반 도구로 활용할 수 있다.

### FTP-RI 사례

- F(Fact): 현재 구성원들이 인식하는 핵심가치 이해 수준과 실천 사례는 어떤 양상으로 나타나고 있나?

- T(Think): 핵심가치가 일상 업무와 괴리된 이유는 무엇일까? 선언은 있지만 실행이 안 되는 구조적/문화적 요인이 있는가?
- P(Plan): 핵심가치를 실천으로 연결하기 위한 교육, 피드백, 보상 체계를 포함한 실행 아이디어를 3단계로 정리해보자
- R(Result): 실행 이후 구성원들의 가치 공감도나 행동 변화는 어떻게 측정될 수 있을까?
- I(Insight): 핵심가치를 '외부 제시 기준'이 아니라, '구성원 스스로 재정의하는 언어'로 바꾸려면 어떤 질문이 필요할까?

## 예시 주제 3: AI 기반 업무 프로세스 혁신 기획 회의

이 주제는 조직의 업무 방식 혁신을 위한 전략적 접근이다. 반복 업무, 병목 구간, 비효율 요소를 파악하고, AI 도입의 우선순위를 결정하며, 도입 이후 변화 예측과 문화적 수용 가능성까지 사고하게 한다. 특히 Insight 단계에서 '일의 의미'와 '사람의 역할'을 새롭게 정의하려는 질문은 AI 시대 조직문화의 핵심 이슈를 건드린다.

디지털 전환DX TFT, RPA 도입팀, HRD 혁신팀 등에 전략 프레임으로 적합하다. AI 도입 시 '기술 중심'이 아닌 '사고 중심'의 접근이 가능하다. AI의 도입이 아니라, '사람 중심의 일 재설계'를 위한 관점을 강화하는 데 효과적이다.

### FTP-RI 사례

- F(Fact): 현재 우리 조직의 반복 업무 중 자동화 또는 AI 협업이 가능한 프로세스는 무엇인가?
- T(Think): 해당 업무 프로세스에서 비효율성이 반복되는 이유는 무엇일까?

업무량, 협업 방식, 기술 미활용 등 어떤 요인이 큰가?
- P(Plan): 우선적으로 AI 도입이 가능한 업무 프로세스를 선정하고, 적용 시나리오를 단계별로 디자인해보자
- R(Result): AI가 도입되었을 때 기대되는 생산성 향상, 리소스 절감, 직원 만족도 변화는 무엇일까?
- I(Insight): '일하는 방식' 자체를 재정의하기 위한 질문은 무엇일까? 지금 우리가 놓치고 있는 본질적 변화는 무엇인가?

WHY
·
WHAT
·
HOW
·
GROW

질문이 살아있는 조직은 멈추지 않는다. 정답을 말하는 조직은 빠르게 끝나고, 질문이 오가는 조직은 끊임없이 진화한다. 질문은 전략이고 문화이며, AI 시대의 협업 언어다. 조직은 질문으로 사고를 연결하고, 실행으로 전환하며, 변화를 만들어낸다. 지금, 당신의 팀은 어떤 질문으로 하루를 시작하고 있는가?

# 11
# 리더는 질문을 디자인하는 사람이다

## 1. 질문으로 이끄는 리더십

지시보다 강력한 것은, 잘 던진 질문 한 줄이다. 리더는 단순히 방향을 제시하거나 업무를 지시하는 존재가 아니다. 진짜 리더는 구성원이 스스로 생각하고, 결정하며, 실행하도록 이끄는 사람이다. 그리고 그 변화의 시작점에는 늘 질문이 있다.

질문은 단순한 호기심의 표현이 아니다. 질문은 사고를 유도하고, 방향을 설계하며, 구성원 스스로 문제를 정의하게 만드는 강력한 리더십 도구다.

질문으로 이끄는 리더는 명령이 아닌 '탐색의 언어'를 사용한다. "이렇게 해"가 아니라 "어떤 방식이 효과적일까?", "그렇게 판단한 이유는 뭐지?", "다른 가능성은 없을까?"라는 질문은 구성원의 주도성과 사고력을 동시에 자극한다.

이때 질문은 단지 의문을 던지는 행위가 아니라, 사고의 문을 열고, 심리적 안전감을 부여하며, 잠재력을 끌어내는 리더십의 실천 방식이 된다.

질문형 리더십은 첫째, 주도성을 강화한다. 질문을 받은 구성원은 '내 생각이 중요하다'는 메시지를 받는다. 이는 곧 자율성과 책임감을 키운다. 둘째, 사고의 깊이를 확장한다.

잘 설계된 질문은 단순한 선택이 아니라, "왜 그렇게 생각하는가?"를 묻는다. 이는 표면적인 사고에서 구조적 사고로 나아가게 만든다. 셋째, 관계를 신뢰로 전환한다. 질문은 일방적 지시가 아닌, 대화를 여는 출발점이다. 그 안에는 경청, 존중, 탐색의 태도가 깃들어 있다.

WHY

WHAT

HOW

GROW

특히 AI와 협업하는 시대, 리더의 질문력은 더욱 중요해진다. AI가 데이터를 분석하고 전략을 제안할 수는 있지만, 어떤 질문을 AI에게 던질지를 결정하는 것, 그 판단은 여전히 인간 리더의 역할이다. 질문을 디자인할 줄 아는 리더는, AI 시대의 팀을 가장 인간적으로 이끌 수 있는 사람이다.

이제 리더십은 더 이상 정답을 아는 사람의 몫이 아니다. 질문을 통해 답을 함께 찾아가는 사람, 질문으로 사고를 이끄는 사람, 질문으로 관계를 만드는 사람이 진정한 리더다.

지금 이 순간, 당신은 팀에게 어떤 질문을 건네고 있는가? 그 질문이 곧 리더십의 시작이다.

## 2. 질문이 성과와 팀 몰입도를 높이는 이유

질문은 사람을 움직이고, 몰입을 이끌며, 성과를 만든다. 질문은 구성원을 단순한 업무의 수행자가 아닌, 사고의 주체로 전환시킨다. 질문을 받은 팀원은 단순히 지시를 따르는 것이 아니라, 자신의 생각으로 답을 구성하고, 판단하며, 그에 따라 행동으로 옮긴다. 이 과정에서 형성되는 자기 결정성과 자율성은 구성원으로 하여금 일에 몰입하고 책임감을 갖게 만드는 핵심 요소가 된다.

리더가 질문을 던진다는 것은 "당신이 스스로 생각하고 판단할 수 있는 사람이다"라는 신호를 보내는 일이다. 이 신호는 구성원에게 존중받고 있다는 감정을 불러일으키고, 내 생각이 조직에 영향을 줄 수 있다는 확신을 심어준다. 결과적으로 팀원은 과제를 '지시된 일'이 아닌 '내 일'로 인식하게 되고, 몰입의 수준이 달라지며, 이는 곧 실행력과 성과로 직결된다.

또한 질문은 심리적 안전감을 높이는 조직 문화의 기반이 된다. 질문이 중심이 되는 조직은 정답만을 요구하지 않고, 사고의 과정 자체를 존중한다. 이러한 환경에서는 팀원들이 실패에 대한 두려움 없이 아이디어를 제시하고, 자유롭게 실험하며, 실수로부터 학습하는 문화가 자리잡는다. 이는 곧 개인의 성장과 팀의 혁신성을 동시에 자극한다.

실제로 몰입도와 성과가 높은 팀일수록 질문이 활발하게 오가는 문화를 가지고 있다는 연구 결과도 많다. 질문이 많은 조직은 사고가 흐르고, 피드백이 오가며, 실험과 학습이 일상화된다. 결국 질문은 단지 대화를 여는 도구가 아니라, 팀의 역량을 끌어올리고, 리더십이 팀 전체의 전략적 사고를 유도하는 핵심 언어가 된다.

좋은 리더는 '무엇을 질문하느냐'를 통해 팀의 방향을 제시하고, '어떻게 질문하느냐'를 통해 팀의 분위기와 몰입을 디자인한다.

질문이 곧 리더십이다. 그리고 몰입과 성과는, 그 질문에서 시작된다.

## 3. 질문을 중심으로 한 피드백 문화

　질문은 피드백을 말이 아닌 관계로 만든다. 피드백은 리더십의 가장 강력한 도구 중 하나다. 그러나 많은 조직에서의 피드백은 여전히 일방적인 평가나 정답 제시에 머무르고 있다. 이러한 방식은 구성원에게 방어적인 태도를 유도하고, 학습보다는 회피와 위축을 만들어낸다. 결국 피드백은 성장의 기회가 아니라, 지적과 통제의 언어로 인식된다.

　반면, 질문을 중심에 둔 피드백은 전혀 다른 문화를 만들어낸다. 리더가 "왜 이렇게 했지?"라고 묻는 대신, "이 상황에서 네가 가장 고민했던 부분은 뭐였어?"라고 질문할 때, 팀원은 지적당하는 대신 자신의 사고 과정을 돌아보고 성찰하게 된다.

　이런 피드백은 평가가 아닌 대화, 통제가 아닌 성장으로 이어진다. 질문은 구성원의 관점을 끌어올리고, 리더와 구성원이 함께 사고하는 자리를 만든다.

　질문 중심 피드백은 단순한 평가가 아니다. 그것은 함께 반성하고 학습하는 문화를 만드는 리더십 기술이다. 이 과정은 구성원의 자기 인식 self-awareness을 높이고, 피드백 상황을 두려움이 아닌 배움의 기회로 전환시킨다.

　예를 들어, 질문은 피드백을 몰입과 성장의 순간으로 바꾼다.

- "이번 프로젝트에서 가장 어려웠던 점은 뭐였어?"
- "스스로 가장 만족스러웠던 부분은 어디야?"
- "다시 한다면 무엇을 바꾸고 싶어?"
- "내가 도울 수 있는 부분은 어떤 게 있었을까?"

WHY
·
WHAT
·
HOW

GROW

이러한 질문은 구성원의 내적 동기와 주도성을 자극하며, 단순한 성과 중심이 아닌 사고 중심의 리더십을 실천하게 만든다.

무엇보다 중요한 것은, 질문 중심 피드백이 리더에게도 피드백을 받는 위치를 부여한다는 점이다. 이때 조직은 수직적 지시 구조에서 벗어나, 수평적 협업 구조로 전환된다.

질문은 피드백을 단순한 '말하는 기술'이 아니라, '함께 성장하는 관계'로 바꾼다. 이 관계 안에서 리더와 구성원은 서로를 더 깊이 이해하게 되고, 조직은 단단한 신뢰와 학습의 공동체로 진화하게 된다.

## 4. 질문은 리더십의 중심 언어다

리더는 지시가 아닌 질문으로 팀을 이끈다. 질문은 단순히 사고를 유도하는 도구가 아니다. 그것은 리더가 팀의 전략, 문화, 성과, 관계를 설계할 수 있도록 돕는 가장 정교한 리더십 언어다. 질문은 명확한 방향을 지시하지 않는다. 그러나 사고의 나침반이 되어, 팀이 어디로 향해야 하는지를 스스로 인식하게 만든다.

리더가 어떤 질문을, 어떻게 디자인하느냐에 따라 팀의 방향이 달라지고, 사고의 깊이가 달라지며, 협업의 분위기까지 변화한다.

좋은 질문은 '무엇을 할 것인가'만 묻지 않는다. 그것은 더 깊이 묻는다. "왜 이것이 중요한가?", "어떻게 하면 더 나아질 수 있을까?", "우리가 놓치고 있는 본질은 무엇인가?" 이러한 질문은 구성원에게 단순한 실행을 넘어서는 전략적 사고와 자발적 행동의 문을 열어준다.

질문은 팀에게 사고의 주도권을 넘기는 방식이자, 리더가 통제 없이 영향력을 발휘하는 기술이다. 정답을 아는 리더보다, 좋은 질문을 던지는 리더가 더 나은 팀을 만든다. 그 질문은 팀의 성장 방향을 설계하고, 신뢰와 자율성의 기반 위에서 몰입을 이끌어낸다.

질문은 리더십의 시작이자 완성이다. 당신이 어떤 질문을 던지느냐가 곧 당신이 어떤 리더인지를 말해준다.

지금 이 순간, 당신은 팀에게 어떤 질문을 건네고 있는가? 그 질문이 팀의 방향을 바꾸고, 당신의 리더십을 말해줄 것이다

# 12
# 나만의 질문 전략을 디자인하라

## 1. 질문 루틴 만들기

 좋은 질문은 우연히 떠오르지 않는다. 그것은 반복적인 사고 훈련과 일상 속 실천을 통해 길러지는 리더십의 한 형태이다. 특히 팀을 이끄는 리더라면, 단순히 좋은 질문을 떠올리는 능력을 넘어서 질문을 일상 속 루틴으로 정착시키는 힘이 필요하다. 질문 루틴이란, 특정 상황에서 반복적으로 사용할 수 있는 질문을 의식적 습관으로 정착시키는 것이다.

 질문 루틴은 사고의 방향을 바로잡고, 반복되는 상황에서 감정이 아닌 사고 중심의 대응을 가능하게 한다. 이는 리더가 전략적 사고를 지속적으로 유지할 수 있도록 돕는 구조적 장치이기도 하다. 질문 루틴이 있는 리더는 더 명확하게 사고하고, 더 신속하게 결정하며, 더 깊게 반성하고 학습한다. 다음과 같은 질문 루틴을 설정할 수 있다.

- 월요일 아침 – 주간 시작: "이번 주 가장 먼저 명확히 해야 할 문제는 무엇인가?"

- 중요 회의 직전 – 준비와 초점 정리: "이 회의에서 반드시 얻고 싶은 핵심은 무엇인가?"
- 프로젝트 진행 중 – 실행 점검: "지금 이 방식이 가장 효율적인가? 혹은 놓치고 있는 변수가 있는가?"
- 업무 종료 후 – 피드백과 성찰: "이번 경험에서 가장 배운 점은 무엇이며, 다음엔 무엇을 바꿔야 할까?"
- 갈등이나 난관 상황 – 감정 조율: "지금 내가 느끼는 감정 뒤에 어떤 진짜 우려가 숨어 있는가?"

WHY
·
WHAT
·
HOW
·
GROW

이러한 질문은 단순한 회고가 아니라, 사고의 방향을 조정하고 실행을 점검하는 나침반이 된다. 특히 반복될수록, 질문은 무의식 속에 내재화되며 빠르고 깊이 있는 성찰을 이끌어낸다. 질문 루틴은 다음과 같은 효과를 만든다.

- 감정이 앞설 수 있는 순간에 사고의 간격을 만들어 준다.
- 불확실한 상황에서 명확한 판단 기준을 제공한다.
- 루틴화된 질문을 통해 자기 인식의 깊이를 확장시킨다.
- 리더로서의 사고 정제력과 일관성을 형성한다.

질문은 한 번의 이벤트가 아니라, 삶의 구조가 되어야 한다. 하루의 시작과 마무리, 회의와 회의 사이, 실행 전과 실행 후. 그 순간마다 자신만의 질문 언어를 갖고 있는 리더는 더 흔들리지 않고, 더 빠르게 성장하며, 더 단단한 팀을 만든다.

## 2. AI를 나만의 코치로 활용하는 질문 디자인 방식

AI는 더 이상 단순한 정보 제공 도구가 아니다. 올바른 질문을 던졌을 때, AI는 사고 파트너이자 전략 조력자, 그리고 피드백 코치로까지 진화한다. 중요한 것은 'AI에게 무엇을 묻느냐'이다. 리더가 어떻게 질문을 디자인하느냐에 따라, AI는 단순한 응답자에서 문제 해결을 함께 탐색하는 동료로 바뀐다.

AI를 코치처럼 활용하기 위해서는 질문의 구조와 맥락을 명확히 디자인해야 한다. 다음은 실전에서 사용할 수 있는 효과적인 질문 프레이밍 유형이다.

- 문제 중심 프레이밍: 현상을 명확히 하고 원인을 파악할 수 있는 질문
  예: "우리 조직의 커뮤니케이션 문제가 반복되는 원인을 패턴 중심으로 분석해줘."
- 비교 분석 프레이밍: 두 가지 이상의 대안 중 무엇이 더 적절한지를 판단하는 질문
  예: "A안과 B안의 장단점을 실행 관점, 비용, 리스크 기준으로 비교해줘."
- 실행 설계 프레이밍: 아이디어나 방향성을 구체적인 실행안으로 전환하는 질문
  예: "이 제안을 3단계 실행 계획으로 정리해줘. 각 단계에 필요한 조건도 포함해서."
- 성찰 유도 프레이밍: 내가 놓친 시각이나 질문 자체의 개선 가능성을 찾는 질문
  예: "내가 이 주제를 다루며 간과한 핵심 질문이 있다면 알려줘."

이러한 질문 방식은 AI의 응답을 단순 정보 제공에서 벗어나, 사고의 흐름을 따라 함께 문제를 풀어가는 구조로 진화시킨다. 특히 성찰 유도형 질문은 리더 스스로의 사고 사각지대를 인식하고, AI를 통해 새로운 통찰을 얻는 데 유용하다.

리더가 AI를 잘 활용하려면 '많이 묻는 사람'이 아니라, 정확하게 디자인된 질문을 던질 줄 아는 사람이 되어야 한다. 질문이 정교할수록 AI의 응답은 깊어지고, 대화는 진짜 사고의 여정이 된다. AI는 당신의 질문에 따라 '정보 검색기'가 될 수도 있고, '전략 코치'가 될 수도 있다.

결국, AI를 코치로 만드는 열쇠는 질문이다. 지금 당신이 AI에게 던지고 있는 질문은 어떤가?

## 3. 자기성찰과 성장을 이끄는 질문 디자인 리스트

리더는 스스로를 돌아보고, 성장을 디자인할 수 있어야 한다. 리더십은 외부를 이끄는 힘이기 이전에, 자기 내부를 정직하게 성찰하고 조율하는 능력에서 출발한다. 그 출발점이 바로 '질문'이다.

자기 성찰 질문은 단순한 회고가 아니다. 그것은 현재의 위치를 점검하고, 미래를 향한 방향을 조율하며, 과거에서 의미 있는 교훈을 추출하는 사고의 장치다. 특히 리더는 자기 성찰 질문을 통해 판단의 기준을 정교하게 만들고, 인간적 깊이와 조직적 신뢰를 동시에 키울 수 있다.

아래는 자기 성장과 성찰을 위한 질문 디자인 리스트이다. 이 질문들은 하루를 마무리하는 저널 쓰기, 월간 리뷰, 리더십 코칭, 또는 AI와의 협업 대화 등 다양한 상황에서 활용 가능하다.

- 나는 어떤 상황에서 회피보다 도전을 선택했는가?
- 최근 내가 실수했던 경험에서 배운 점은 무엇인가?
- 지금 내가 가장 중요하게 여기는 가치는 무엇인가?
- 나는 팀원에게 어떤 질문을 통해 신뢰를 주고 있는가?
- AI와 협업하며 나는 어떤 질문에서 한계를 느끼는가?
- 앞으로 6개월간 내가 바꾸고 싶은 질문 습관은 무엇인가?
- 내가 이끄는 회의에서 질문은 얼마나 살아 움직이고 있는가?
- 나는 최근 마지막으로 나 자신에게 어떤 질문을 던졌는가?
- 지금 내 사고를 가장 자극하는 질문은 무엇인가?

이 질문들은 리더의 내면을 정리하는 도구이자, 자신만의 리더십 언어를 형성하는 연습장이기도 하다. 매일 하나씩 선택해 답해보자. 질문을 통해 자신을 성장시키는 리더는, 언젠가 조직 전체의 사고 문화를 이끄는 질문 디자이너로 성장하게 될 것이다.

에필로그

## 질문이 곧 당신의 경쟁력이다

질문은 언제나 진화의 시작점이었다. 호기심에서 출발한 질문은 인류를 탐험하게 했고, 위기를 돌파하게 했으며, 미래를 상상하게 만들었다. 그리고 지금, 우리는 그 어느 때보다도 급격하게 변화하는 AI 대전환의 시대에 서 있다.

AI는 우리의 일하는 방식, 배우는 방식, 사고하는 방식까지 근본적으로 바꾸고 있다. 이 변화 속에서 중요한 것은 더 이상 '얼마나 많은 정보를 알고 있는가'가 아니다.

이제는 어떤 질문을 던질 수 있는가? 그 질문을 어떻게 구조화할 수 있는가? 그리고 그 질문을 통해 무엇을 디자인할 수 있는가가 관건이다.

질문은 단순한 언어가 아니다. 그것은 사고의 형식이며, 실행의 출발점이며, 전략의 핵심이다. 질문은 리더십의 정수이며, 협업의 중심이다. 질문이 있는 팀은 끊임없이 사고하고, 학습하고, 발전한다.

질문이 있는 조직은 실패를 실험으로 받아들이고, 새로운 가능성을 탐색하며, 문제를 재정의함으로써 혁신의 문을 연다. 그리고 그 중심에는 질문을 디자인할 줄 아는 사람이 있다.

질문을 디자인한다는 것은 단지 '좋은 질문'을 선택하는 일이 아니다. 그것은 사고의 순서를 짜고, 실행의 단계를 설계하며, 팀의 생각 흐름을 이끌어내는 것이다. 나 자신과의 대화를 구조화하고, 타인의 성장 곁에서 코치가 되며, AI와 협업하며 새로운 통찰을 끌어내는 전략적 기술이다.

우리는 이제 '질문 소비자'에서 '질문 디자이너'로 전환해야 한다. 질문을 디자인할 수 있는 사람만이 정보의 시대에서 방향을 설계하고, 변화의 흐름을 주도하며, 성장의 디자인 공식을 만들어낼 수 있다.

AI 시대, 질문은 사고의 언어이며, 리더십의 전략이며, 협업의 무기다. 질문하는 자가 협업을 주도하고, 질문을 디자인하는 자가 미래를 이끈다.

지금, 당신은 어떤 질문으로 내일을 디자인하고 있는가? 질문을 디자인하는 순간, 당신의 성장은 이미 시작되었다.

## [질문 디자인 부록]

## 부록 1 질문 루틴 체크리스트
매일의 질문이 당신의 사고를 바꾸고, 행동을 설계하며, 성장의 흐름을 만든다.

☑ 루틴형 질문은 다음과 같은 순간에 작동한다.
- 하루를 시작할 때 사고 준비
- 중요한 회의 전 목표 명확화
- 실행 중 중간 점검 방향 정렬
- 하루 마무리 또는 프로젝트 종료 후 성찰과 학습

✓ [하루 시작 질문]
- 오늘 반드시 집중해야 할 한 가지는 무엇인가?
- 오늘 내가 가장 기여할 수 있는 지점은 어디인가?
- 내가 오늘 가장 질문하고 싶은 것은 무엇인가?

✓ [회의 전 질문]
- 이번 회의에서 반드시 명확히 해야 할 핵심은 무엇인가?
- 이 회의에서 나의 역할과 기여는 무엇이어야 하는가?
- 회의 후 우리가 실행해야 할 가장 중요한 액션은 무엇인가?

✓ [업무 실행 중 질문]
- 지금 이 방식이 가장 효과적인 방법인가?

- 우선순위가 바뀌었는가? 긴급도와 중요도는 적절히 균형 잡혀 있는가?
- 내가 지금 간과하고 있는 변수는 없는가?

✓ [하루 마무리 / 회고 질문]
- 오늘 내가 가장 잘한 판단은 무엇이었는가?
- 오늘 놓친 질문이 있었다면, 그것은 무엇이었는가?
- 오늘 하루의 경험에서 내일에 적용할 교훈은 무엇인가?

### 나만의 질문 루틴 만들기

아래 빈칸을 채워, 나만의 질문 루틴을 작성해보라.

| 시점 | 나의 질문 루틴 문장 |
|---|---|
| 하루 시작 | ex) 오늘 내가 반드시 마주해야 할 핵심 과제는 무엇인가? |
| 회의 직전 | |
| 업무 집중 시간 | |
| 실행 후 복기 타임 | |
| 하루 마무리 | |

이 루틴은 매주 또는 매월 수정해가며 성장의 흐름을 만들어갈 수 있다.

## 부록 2  **질문 리팩토링 워크시트**

질문은 '던지는 것'이 아니라 '디자인하는 것'이다.

### ☑ 질문 리팩토링이 필요한 이유

- 애매한 질문은 애매한 답을 불러온다.
- 질문을 다듬는 순간, AI의 반응도 달라지고, 사람의 사고도 확장된다.
- 질문 리팩토링은 목적 / 맥락 / 구조 / 단어 선택을 점검하는 과정이다.

### ✓ BEFORE / AFTER 질문 비교 예시

| 구분 | 질문(Before) | 리팩토링(After) |
|---|---|---|
| 1 | 이 문제 왜 자꾸 생기지? | 최근 3개월 내 동일 이슈가 반복된 주요 원인을 프로세스 기준으로 분석해줘 |
| 2 | 우리 브랜드 약점이 뭐야? | MZ세대 소비자 기준에서 우리 브랜드가 취약한 요소 3가지를 정리해줘 |
| 3 | 좋은 전략 뭐 없을까? | 예산 1천만 원 내에서 실행 가능한 SNS 콘텐츠 전략을 3단계로 제안해줘 |

### ✓ 질문 리팩토링 체크리스트

| 항목 | 질문 |
|---|---|
| 목적이 명확한가? | 이 질문으로 얻고자 하는 최종 목표는 무엇인가? |
| 맥락이 충분한가? | 질문 대상AI 또는 사람이 이해할 수 있도록 충분한 배경을 제공했는가? |
| 조건이 구체적인가? | 범위, 시간, 형식, 자원 등의 조건이 들어 있는가? |
| 문장 구조가 논리적인가? | 질문 순서가 사고의 흐름을 따라가고 있는가? |
| 단어가 명확한가? | 애매한 단어 대신 구체적인 개념을 사용했는가? |

## ✏️ 실전 워크시트

아래 빈칸에 나의 질문을 리팩토링해보세요.

기존 질문(Before)

질문 목적

빠진 정보나 맥락은?

구체화할 수 있는 조건은?

리팩토링 질문(After)

## 부록 3 **FTP-RI 질문 디자인 워크북**

질문은 사고의 흐름을 따라가는 여정이다. 정보 수집에서 통찰 도출까지, 단계별 질문으로 디자인하라.

☑ **FTP-RI란?**

질문을 5단계 사고 흐름으로 구조화한 질문 디자인 모델이다.

- F(Fact): 정보형 질문 – 정보를 수집하고 맥락을 확인
- T(Think): 분석형 질문 – 원인, 비교, 해석 등 논리 분석 유도
- P(Plan): 전략형 질문 – 실행 아이디어 및 계획 수립
- R(Result): 예측형 질문 – 실행 후 결과 시뮬레이션
- I(Insight): 통찰형 질문 – 본질적 관점 또는 창의적 연결 도출

이 프레임을 통해 사고 흐름에 맞는 질문을 단계별로 디자인할 수 있다.

✓ 예시 주제: 고객 이탈률 증가 문제 해결

| 단계 | 질문 예시 |
|---|---|
| F(Fact) | 최근 6개월간 고객 이탈률 수치를 알려줘. 이탈이 가장 심한 고객층은 누구인가? |
| T(Think) | 고객 이탈의 주요 원인은 무엇인가? 가격, 품질, 서비스 중 어떤 요인이 결정적이었는가? |
| P(Plan) | 이탈률을 줄이기 위한 실행 전략 3가지를 팀 자원 기준으로 제시해줘. |
| R(Result) | 해당 전략을 실행했을 때 3개월 후 예상되는 유지율 변화는 어느 정도일까? |
| I(Insight) | 기존 방식에서 우리가 간과한 근본적인 질문은 무엇일까? 새로운 접근이 있다면? |

### ✎ 실전 워크북 양식

하나의 주제를 선택해 직접 질문을 디자인해 본다.

내 주제: _____

| 단계 | 내가 디자인한 질문 |
|---|---|
| F(Fact) | |
| T(Think) | |
| P(Plan) | |
| R(Result) | |
| I(Insight) | |

질문은 한 번에 완성되지 않는다. AI와 대화하며 단계적으로 수정해 보다. 회의, 제안서, 워크숍 기획 등에도 이 프레임을 그대로 적용해 보기 바란다. 질문을 흐름으로 구조화하면, 사고가 전략이 된다.

# 부록 4  AI 협업 프롬프트 25개

AI에게 좋은 답을 얻으려면, 좋은 질문부터 디자인하라.

## ☑ 활용 방법

FTP-RI 질문 디자인 예시는 실제 AI<sub>GPT, Claude, Gemini 등</sub>에게 그대로 입력해 사용할 수 있도록 구성된 실전형 예시이다. 필요에 따라 주제, 조건, 수치, 관점을 바꾸면 다양한 맥락에 맞게 응용할 수 있으며, 질문을 반복하면서 리팩토링 할수록 사고도 정교해진다.

FTP-RI 질문 디자인 예시는 실제 AI(GPT, Claude, Gemini 등)에게 그대로 입력해 사용할 수 있도록 구성된 실전형 프롬프트이다. 각 질문은 단순한 정보 요청을 넘어, 사고를 설계하고 전략을 구체화하도록 유도하는 방식으로 설계되어 있다.

이 예시들은 주제를 바꾸면 다른 산업이나 분야에도 적용 가능하며, 조건이나 수치를 조정하면 난이도와 정확도를 조절할 수 있다. 관점(예: 사용자 vs 관리자, 고객 vs 직원)을 바꾸면 다양한 역할 기반 분석도 가능하고, 질문을 반복하며 리팩토링할수록 사고의 범위와 깊이도 확장된다.

즉, 하나의 질문이 곧 하나의 사고 설계 도구이며, 질문을 구조화하고 리디자인하는 과정 자체가 AI와 협업하며 생각을 정제하는 실전 학습 과정이 된다.

## ✓ [F] Fact 정보형 프롬프트

정확성을 요구하는 정보 요청에 적합하다. 형식 지정<sub>표, 목록, 요약 등</sub>을 통해 정보의 구조화가 가능하며, 출처 요청과 결합하면 신뢰도 높은 데이터 확보가 가능하다.

표로 정리해줘, 3가지로 요약해줘, 출처 포함해줘 등의 형식 조건을 함께 제시하면 정확도와 실용성이 높아진다.

1. "2023년 이후 국내 제조업 고객 이탈률 평균 데이터를 알려줘."
2. "최근 1년 내 '조직문화 개선' 키워드가 포함된 주요 기사 제목과 요약을 정리해줘."
3. "다음 키워드를 표로 분류해줘: 워라밸, 이직률, 리더십, 감정노동, 유연근무."
4. "2024년 상반기 기준, IT 업계 퇴사율 평균을 주요 기업별로 비교 정리해줘."
5. "GPT 기반 협업 도구의 유형과 특성을 표로 비교해줘. 각 도구의 대표 기능도 포함해줘."

✓ [T] Think 분석형 프롬프트

원인-결과 분석을 요청할 때 효과적이다. 경쟁사 비교, 부서별 분석, 시간 조건 설정 등 세부 항목화가 핵심이다. 복잡한 문제를 해체하고 구조화하는 사고 프레임으로 유도할 수 있다.

기준 명시, 부서/시기/경쟁사별로 나누는 구조는 분석의 깊이를 확보해준다.

6. "우리 회사 이탈률이 높은 이유를 경쟁사와 비교하여 3가지로 분석해줘."

7. "이 마케팅 전략이 실패했을 가능성 있는 내부 요인을 파악해줘."
8. "성과평가제도 도입 이후 직원 몰입도가 떨어졌다면, 그 원인을 부서별로 예측해줘."
9. "최근 3년간 조직문화 진단 데이터를 기반으로 가장 큰 변화 요인을 추론해줘."
10. "고객 불만 증가의 핵심 원인을 '서비스', '프로세스', '커뮤니케이션'으로 나누어 분석해줘."

✓ [P] Plan 전략형 프롬프트

실행을 전제로 한 전략 설계에 최적화된 질문 유형으로 단계, 예산, 기간, 대상 등 현실적 조건을 함께 제시할수록 정교한 결과 도출 및 구체적인 액션플랜, 책임 주체, 우선순위 도출이 가능하다.

기간, 예산, 인원, 목표 조건을 명확히 하면 실행 가능성 높은 결과를 얻을 수 있다.

11. "신규 입사자 온보딩 교육 프로그램을 3단계로 디자인해줘. 각 단계별 목표 포함해서."
12. "1개월 내 조직 내 세대 간 갈등을 줄이기 위한 커뮤니케이션 전략을 제안해줘."
13. "5천만 원 예산 내에서 실행 가능한 고객 만족도 향상 방안을 마케팅 관점에서 정리해줘."
14. "GPT 도입을 위한 4단계 사내 교육 프로세스를 구성해줘. 학습 목표와

평가 방식도 포함해줘."

15. "1인 HR팀이 6개월간 성과를 낼 수 있도록 업무 우선순위와 실행 스케줄을 정리해줘."

✓ **[R] Result 기반 결과 예측형 프롬프트**

전략 실행 전 성과 예측과 리스크 진단에 적합하며, 복수 시나리오 비교, KPI 변화, 실행 효과의 정량·정성 분석을 유도하거나 실행 결과에 대한 가상 시뮬레이션 기반 판단을 도와준다.

정량/정성, 단기/장기, 시나리오A/B 구조로 구성하면 더 입체적인 결과 예측이 가능하다.

16. "이 캠페인을 실행했을 때 예상되는 KPI 변화를 수치 중심으로 설명해줘."
17. "A안과 B안을 각각 실행했을 경우 고객 반응 및 리스크 가능성을 시뮬레이션해줘."
18. "1년 내 조직에 GPT 기반 도구를 도입했을 때 예상되는 업무 변화 시나리오를 알려줘."
19. "내부 커뮤니케이션 툴을 슬랙에서 노션으로 전환할 경우 예상되는 장단점을 분석해줘."
20. "GPT 기반 고객상담 시스템을 도입할 경우, NPS와 CS 비용 변화 추정치를 예측해줘."

✓ **[I] Insight 기반 통찰형 프롬프트**

고정된 프레임을 깨고 새로운 시야, 사고의 확장을 유도해준다. '만약 ~라면?', '다르게 본다면?', '전혀 다른 분야와 연결한다면?' 형식으로 창의적 연결 가능하며, 문제 재정의, 전략 재설계, 인식 전환 등에 유용한 고차원 질문 방식이다. 전혀 다른 시야, 타 산업 연결, 문제 자체를 재정의 등의 조건을 넣으면 사고 확장이 강하게 유도된다.

21. "조직에서 '질문 문화'를 정착시키기 위해 우리가 간과한 본질적 요인이 있다면 알려줘."
22. "기존 조직문화 개선 방식의 한계를 깨기 위한 새로운 접근법을 제안해줘."
23. "현재 팀 운영 방식에 대해 '전혀 다른 관점'에서 다시 접근한다면 어떤 아이디어가 나올까?"
24. "MZ세대가 일하기 좋은 조직 문화를 전혀 다른 산업에서 힌트를 얻는다면 어떤 요소가 있을까?"
25. "우리가 해결하려는 이 문제 자체가 틀렸다면, 올바른 질문은 무엇이어야 할까?"

<u>좋은 질문은 AI의 힘을 끌어내는 열쇠이며, 당신의 전략 사고를 확장하는 도구다.</u>

이 도식은 질문을 단순 나열이 아닌, 사고 흐름에 따라 디자인할 수 있도록 돕는 시각적 사고 도구입니다. FTP-RI 모델에 기반해 질문의 단계별 흐름을 한눈에 파악하고, 회의/제안서/워크숍 등에 바로 적용할 수 있다.

## 부록 5  사고를 여는 120개의 질문 리스트

**좋은 질문 하나가, 사고의 판을 바꾼다.**
AI 시대의 질문은 단순한 정보 수집 수단이 아니다. 질문은 생각의 방향을 정렬하고, 실행을 구체화하며, 통찰을 이끌어내는 구조화된 사고 도구이다.
이 질문 리스트는 더 나은 사고, 더 깊은 연결, 더 강한 전략을 설계하는데 도움이 될 것이다. 본 질문 프레임은 총 6개 영역으로 구성되어 각각의 영역별 사고 확장을 목표로 설계되어 있다.
이 프레임은 개인의 일상적 사고 정렬 도구로도 활용되며, 팀 리더의 퍼실리테이션 질문 카드 및 AIGPT 등 협업을 위한 프롬프트 템플릿으로 활용 가능하다. 또한 워크숍 및 전략 회의용 사고 정리 도구로 유연하게 활용될 수 있다.

### ✓ 1. 자기 성찰을 위한 AI 질문 리스트(1~20)

"생각은 나로부터 시작된다."

자기 성찰 질문은 내면의 목소리를 듣는 데서 시작된다. 우리는 일상 속에서 외부 자극에 반응하느라 정작 나 자신에게 진심으로 질문을 던질 기회를 잃어버리기 쉽다. 이 질문들은 '나는 누구인가', '지금 나에게 가장 중요한 것은 무엇인가', '나는 무엇을 회피하고 있는가'와 같은 근본적인 물음에서 시작된다.

자기 인식을 높이는 질문은 자신의 가치관, 감정 패턴, 사고 습관을 명확하게 인식하게 도와주며, 삶의 방향성과 선택 기준을 명확히 해준다. 자기 성찰은 모든 변화의 출발점이며, 성장의 뿌리이다.

1. 나의 현재 삶에서 가장 큰 관심사는 무엇인지 AI의 질문을 통해 정리해줘.
2. 내가 가장 성장한다고 느낀 순간들을 유형별로 정리해줘.
3. 최근 내가 회피한 결정을 유형화해서 이유와 함께 분석해줘.
4. 내가 자주 떠올리는 생각의 패턴을 자기 신념 관점에서 해석해줘.
5. 나를 흔들리게 하는 질문 유형에는 어떤 특징이 있는지 알려줘.
6. 지난 1년간 나를 바꿔놓은 질문 또는 대화는 무엇일지 정리하고, 그 의미를 분석해줘.
7. 지금의 삶에서 줄이고 싶은 것과 늘리고 싶은 것을 구체적으로 정리해줘.
8. 나의 주요 의사결정에 영향을 주는 핵심 신념은 무엇인지 도출해줘.
9. 내게 가장 힘을 준 질문의 공통된 언어적 구조나 주제는 무엇이었는가?
10. 실패 경험 속에서 내가 배운 가장 가치 있는 통찰을 정리해줘.
11. 내가 나 자신에게 솔직하게 던져야 할 질문은 어떤 유형일까?
12. 지금 가장 회피하고 있는 질문은 무엇인지, 감정적인 이유까지 분석해줘.
13. 나를 가장 용감하게 만든 질문의 언어적 특성과 맥락을 알려줘.
14. '나는 누구인가'라는 질문에 대한 오늘 내 대답을 서술형으로 정리해줘.
15. 나의 하루를 여는 질문과 마무리하는 질문이 어떤 흐름을 가지면 좋을지 제안해줘.
16. 반복적으로 나에게 던지면 통찰로 연결될 질문 3가지를 제안해줘.
17. 내가 현재 직면한 선택 중 가장 중요한 것은 무엇이며, 그 기준을 정리해줘.
18. 미래에 대해 내가 자주 떠올리는 질문의 주제와 의미를 정리해줘.
19. 내가 의식적으로 하지 않으려는 질문이 있다면, 그 이유와 의미를 분석해줘.
20. 오늘, 지금 나에게 가장 필요한 자기 성찰 질문을 하나 추천해줘.

## ✓ 2. 팀과 조직을 위한 AI 질문 리스트(21~40)

"조직의 문화는 질문의 밀도로 측정된다."

조직 내 질문은 단순히 커뮤니케이션의 한 방식이 아니라, 조직문화의 수준을 보여주는 바로미터다. 질문이 자주 오가는 팀은 개방적이고 협업 중심적이며, 구성원 각자의 목소리가 존중되는 문화가 자리 잡는다. 반면 질문이 사라진 조직은 수직적 지시, 회피, 침묵, 눈치가 지배하게 된다.

이 질문 디자인은 팀 회의, 이슈 해결, 협업 구조, 문제 인식의 정확성을 높이기 위해 구성되었으며, 사고를 함께 정렬하고, 실행력을 높이며, 집단적 통찰을 끌어내는 사고 도구로 설계되었다. 조직의 실행력은 '답을 잘 찾는 능력'이 아니라, '질문을 함께 던질 수 있는 환경'에서 나온다.

21. 지금 우리 팀이 해결하려는 핵심 문제를 구조적으로 정리해줘.
22. 이 회의에서 반드시 던져야 할 질문 3가지를 도출해줘.
23. 조직 내 질문이 가장 필요한 영역(부서/과정/문화 등)은 어디인지 분석해줘.
24. 최근 구성원들이 자주 던진 질문의 패턴을 유형별로 정리해줘.
25. 질문이 활발한 팀과 그렇지 않은 팀의 차이점 5가지를 비교해줘.
26. 우리가 다루는 이슈의 본질이 무엇인지 다시 정의해줘.
27. 이 프로젝트가 지연되는 핵심 원인을 팀 구조, 리소스, 커뮤니케이션 관점에서 분석해줘.
28. 외부 시선에서 바라본 우리 팀의 인식 키워드를 5개 도출해줘.
29. 우리 팀의 '질문 문화' 수준을 자가 진단할 수 있는 문항을 만들어줘.
30. 구성원이 자유롭게 질문할 수 있도록 제도나 환경을 개선하는 아이디

어를 제안해줘.
31. 최근 회의에서 나온 인상 깊은 질문의 사례와 그 효과를 분석해줘.
32. 현재 다루는 이슈를 다른 부서와 연결했을 때 기대할 수 있는 시너지를 예측해줘.
33. 지금 논의 중인 주제를 더 근본적인 질문으로 전환하면 어떤 문장이 되는가?
34. 우리 조직이 질문을 '기록하고 공유하는 문화'를 어떻게 만들 수 있을지 제안해줘.
35. 현재까지 우리가 간과하고 있던 핵심 논점이 있다면 알려줘.
36. 우리 조직이 민첩성을 높이기 위해 지금 던져야 할 핵심 질문은 무엇인가?
37. 이 안건을 보다 좋은 질문으로 개선하기 위한 관점 전환 방법을 알려줘.
38. 각 부서 간 협업을 촉진하기 위해 서로에게 던져야 할 질문 리스트를 만들어줘.
39. 지금 도출하고 있는 결론이 충분히 질문된 결과인지 점검할 수 있는 체크리스트를 제공해줘.
40. 질문을 전략적으로 활용하는 조직과 그렇지 않은 조직의 차이를 정리해줘.

## ✓ 3. 전략과 기획을 위한 AI 질문 리스트(41~60)

"질문이 전략의 방향을 만든다."

전략 수립과 기획은 단순한 아이디어 나열이 아니다. 무엇을 전략이라고 할 수 있을까? 그것은 문제를 재정의하고, 구조화하며, 실행 경로를 설계하는 사고의 흐름이다. 이때 핵심은 '좋은 질문'이다. 지금 이 전략이 무엇을 전제로 하고 있는지, 놓치고 있는 요인은 없는지, 누가 대상인지, 왜 지금 이 전략이 필요한지를 되물어야 한다.

질문을 통해 전략의 방향성과 우선순위, 실행 조건, 리스크까지 검토할 수 있다. 즉, 전략은 실행이 아니라 사고의 구조화로부터 출발하며, 이때 질문은 가장 정교한 설계 도구가 된다. 좋은 전략가는 좋은 질문가다.

41. 이 전략의 핵심 가정이 무엇인지 명확히 정리해줘.
42. 지금 우리가 놓치고 있는 이해관계자가 있다면 누구인지 분석해줘.
43. 이 전략이 실패할 경우 가장 큰 리스크 요인을 3가지로 분류해줘.
44. 우리가 해결하고자 하는 '진짜 문제'가 무엇인지 다시 정의해줘.
45. 경쟁사와 우리 전략의 가장 큰 관점 차이를 정리해줘.
46. 이 전략이 실행되기 위한 전제 조건들을 리스트업해줘.
47. 현재 상황에서 가장 빠르게 실행 가능한 전략안을 도출해줘.
48. 지금 논의 중인 아이디어를 실행하기 위한 '첫 번째 행동'을 제안해줘.
49. 이 기획안에서 가장 애매하거나 미정인 부분은 어디인지 진단해줘.
50. 기존 전략 중 버려야 할 요소를 도출해줘.
51. 우리가 지금 '더 빨리'가 아니라 '더 잘' 해야 할 핵심 과제가 무엇인지 알려줘.
52. 고객 입장에서 이 전략이 어떤 가치로 느껴질지 시나리오로 구성해줘.
53. 이 전략이 팀 내 협업 방식에 어떤 변화를 줄지 예상해줘.
54. 전략 메시지의 명확성과 전달력을 검토해줘.

55. 외부 환경 변화에 대응하기 위한 전략의 유연성 수준을 점검해줘.
56. 우리가 지금까지 시도하지 않은 새로운 전략 접근법을 제안해줘.
57. 이 전략이 1년 후에도 유효할 수 있는 근거를 예측해줘.
58. 예산과 시간 제약 속에서 실행 가능한 대안을 2가지 제시해줘.
59. 이 전략이 팀의 동기부여에 미치는 긍정적·부정적 요인을 분석해줘.
60. 지금 이 전략을 하나의 질문으로 요약한다면 어떤 문장이 될 수 있는가?

## ✓ 4. 리더십과 피드백을 위한 AI 질문 리스트(61~80번)

"좋은 리더는 좋은 질문으로 팀을 이끈다."

리더십의 본질은 답을 제시하는 것이 아니라, 질문을 통해 구성원의 사고를 여는 일이다. 이 질문들은 리더가 팀원에게 던질 수 있는 질문뿐만 아니라, 리더 스스로에게 던져야 할 자기 성찰형 질문까지 포함한다.

"지금 나의 리더십은 어떤 신호를 주고 있는가?", "이 피드백은 상대방의 자율성과 성장을 촉진하는가?", "나는 어떤 언어로 팀의 변화를 이끌고 있는가?" 이러한 질문을 중심으로 구성된 리더십 대화는 통제가 아닌 협력, 명령이 아닌 참여로 이어진다. 질문을 통해 팀은 안전감을 느끼고, 피드백은 방어가 아닌 학습으로 전환된다. 질문은 리더십의 언어이자, 신뢰의 출발점이다.

61. 지금 내 리더십 스타일을 한 문장으로 요약해준다면 어떤 모습일까?
62. 팀원들에게 가장 자주 하는 질문 유형은 무엇인지 정리해줘.
63. 리더로서 내가 지금 팀에 던져야 할 핵심 질문은 무엇인가?

64. 이 팀원이 성장하기 위해 현재 필요한 도전 과제를 찾아줘.
65. 최근 피드백 상황에서 내가 더 잘할 수 있었던 부분은 무엇이었을까?
66. 내가 주로 '지시'보다 '질문'으로 대화하기 위해 어떤 표현을 써야 할까?
67. 질문을 통해 구성원의 주도성을 끌어내는 방법 3가지를 알려줘.
68. 내가 팀원들에게 유도하고자 하는 변화는 어떤 언어로 표현될 수 있을까?
69. 피드백을 줄 때 방어감을 줄이는 질문 중심 대화법을 제시해줘.
70. 최근 구성원 중 가장 몰입한 사람의 행동 패턴을 정리해줘.
71. 팀원이 실수했을 때, 책임보다 학습에 집중하게 하는 질문은 무엇일까?
72. 성과보다 과정 중심의 피드백을 설계하려면 어떤 질문을 활용하면 좋을까?
73. 지금 내가 이끄는 회의에서 질문의 양과 질은 어느 수준일까?
74. 구성원 간 질문을 주고받는 문화가 정착되려면 무엇이 선행되어야 할까?
75. 내가 최근 던진 질문 중, 팀을 가장 움직이게 한 질문은 무엇이었을까?
76. 구성원이 나에게 자주 하는 질문은 어떤 의미를 담고 있을까?
77. 질문을 통해 내가 전달하고자 하는 조직의 핵심 가치는 무엇인가?
78. 나의 리더십이 더 성숙해지기 위해 필요한 자기 질문 리스트를 구성해줘.
79. 리더로서 지금 가장 필요한 '피드백 스킬'은 무엇인지 진단해줘.
80. 질문을 통해 내가 팀에 만들어내고 싶은 변화는 무엇인가?

## ✓ 5. AI와 협업하는 질문 리스트(81~100번)

"AI는 질문의 질만큼 사고한다."
Gen AI는 정보 생성기이기 전에, 사용자의 질문을 사고의 출발점으로 인식하는 도구다. AI는 질문이 구체적이고 명확할수록 더 풍부하고 정확한 응답을 생성한다. '무엇을 묻느냐'보다 '어떻게 묻느냐'가 AI의 반응 수준을 결정짓는다.

역할을 부여하고, 형식을 정하며, 조건과 목적을 명확히 한 질문은 AI에게 사고 구조를 안내하는 지시서가 된다. 이 질문 디자인은 AI를 단순 요약기가 아닌 사고 파트너로 전환시키는 전략적 대화 도구이다. AI가 사고하는 것이 아니라, 우리가 AI에게 어떤 사고를 기대하느냐가 관건이다. 결국 질문이 곧 협업 방식이다.

81. 지금 이 업무를 AI에게 설명한다면 어떤 구조로 전달해야 할까?
82. 내가 자주 묻는 질문 유형은 AI에게 어떤 역할을 기대하게 만들까?
83. AI가 더 나은 결과를 생성하기 위해 내 질문에서 개선할 부분은 무엇일까?
84. 이 기획안을 AI에게 피드백 받기 위해 어떤 조건을 입력해야 할까?
85. AI와 함께 브레인스토밍을 효과적으로 하기 위한 질문 흐름을 설계해줘.
86. 내가 원하는 형식표, 요약, 비교 등으로 AI가 응답하게 하려면 어떻게 묻는가?
87. 이 전략에 대해 AI의 관점을 듣기 위해 어떤 질문이 적합할까?
88. AI가 줄 수 없는 답은 무엇이고, 그것을 질문으로 확인할 수 있는 방법은?
89. 반복적인 업무를 AI가 대신할 수 있도록 프롬프트를 만들려면 어떻게 해야 할까?
90. AI가 내 업무 맥락을 이해할 수 있게 만드는 정보 제공형 질문 예시는?
91. AI가 제안한 아이디어 중 실행력이 가장 높은 것을 판별하는 질문은?
92. 내가 만든 질문에 AI가 강하게 반응했던 순간은 어떤 패턴을 가졌을까?
93. 현재 사용 중인 AI 질문 방식 중 비효율적인 패턴은 무엇인가?

94. 이 업무에서 AI의 개입 범위를 구체적으로 설계하려면 어떤 기준이 필요한가?
95. AI의 답변 중 불확실한 내용을 검증하기 위한 후속 질문은 어떻게 구성할까?
96. 내가 원하는 응답의 '깊이'와 '톤'을 AI에게 어떻게 요청하면 좋을까?
97. AI에게 맡기기 적합한 업무는 어떤 질문으로 구분해볼 수 있을까?
98. 나의 사고 흐름을 AI가 더 잘 따라오도록 유도하는 질문 전략은?
99. 미래의 AI와 더 효과적으로 협업하기 위해 필요한 질문 역량은 무엇일까?
100. 지금 AI에게 가장 창의적으로 던질 수 있는 질문은 무엇인가?

## ✓ 6. 사고 확장을 위한 AI 질문 리스트(101~120번)

"사고의 폭은, 내가 던지는 질문의 크기에 비례한다."

창의적 사고는 틀을 깨는 질문에서 시작된다. 이 질문들은 익숙한 사고의 경로를 멈추고, 전혀 다른 관점, 시야, 상상으로 이동할 수 있도록 유도한다. "만약 정반대의 선택을 했다면?", "10살 어린이에게 설명하려면?", "이 문제를 완전히 다른 산업의 눈으로 본다면?"과 같은 질문은 사고의 회로를 새롭게 연결하고, 고정관념을 해체한다.

특히 브레인스토밍, 워크숍, 혁신 기획, 전략 회의 등에서 사고의 한계를 느낄 때, 이러한 확장형 질문은 결정적인 돌파구가 되어준다. 창의성은 정답이 아닌 질문의 질에서 비롯된다.

101. 이 문제를 완전히 다른 관점에서 본다면 어떤 해석이 가능할까?
102. 지금 당연하게 여기는 전제 중에서, 의심해볼 만한 것은 무엇인가?

부록 201

103. 만약 지금과 정반대의 선택을 한다면 어떤 결과가 나올까?
104. 우리가 지금 놓치고 있는 핵심 질문은 무엇인가?
105. 이 이슈를 다른 산업 분야에서 바라본다면 어떤 접근이 가능할까?
106. 지금의 해결책이 아니라, 문제 자체를 다시 정의한다면 무엇이 달라질까?
107. 이 상황을 가장 단순하게 설명한다면 어떤 언어가 적합할까?
108. 반대로 생각한다면, 오히려 이 문제가 기회일 수 있는 이유는 무엇인가?
109. 지금까지와 전혀 다른 접근 방식을 시도해본다면 어떤 방법이 있을까?
110. 이 주제를 10살짜리 아이에게 설명하려면 어떤 비유가 효과적일까?
111. 지금 떠오르는 해결책 중, 가장 극단적인 방법은 무엇인가?
112. 만약 이 문제를 AI에게 맡긴다면, 어떤 방식으로 사고를 펼칠까?
113. 시간이 제한된다면, 이 문제를 단 1시간 안에 해결하기 위한 전략은?
114. 우리 팀이 지금 가장 두려워하는 질문은 무엇인가?
115. 이 문제를 2년 후에 다시 본다면, 무엇이 가장 후회될까?
116. 우리가 지나치게 단순화하고 있는 전제나 요인은 무엇인가?
117. 이 문제를 가장 창의적으로 해결할 수 있는 외부 인물은 누구일까?
118. 기존과 전혀 다른 방식으로 해보자면, 어떤 방식이 가능한가?
119. 이 문제를 AI와 함께 사고한다면, 어떤 질문부터 시작해야 할까?
120. 이 상황을 기회로 전환하기 위해 가장 먼저 던져야 할 질문은 무엇인가?

이 질문들은 사고의 지도를 바꾸는 씨앗이다.
당신의 질문 디자인 한 문장이, 조직과 사람을 움직이는 시작점이 된다.

"오늘 당신이 디자인하고자 하는
가장 중요한 질문은 무엇입니까?"